明治図書

JN043670

1年間まるっとおまかせ！

小2担任のための
学級経営
大事典

『授業力&学級経営力』
編集部

イントロダクション
小2担任の学級経営
4つの鉄則

京都市立桂坂小学校　森岡　健太

1　学びに楽しさのスパイスを足す

　低学年の子どもにとって，授業の45分間を集中し続けるというのは，かなり難しいことです。集中力を持続できるように声かけをして，集中力そのものを育てていくことも大切なのですが，学びに楽しさのスパイスを足していき，集中力が続くようにするのも，教師としての大切な役割になってきます。

　例えば，授業にパペットを使うというのはどうでしょうか。1年生のときと違い，2年生だと「もう，人形（パペット）なんて子どもっぽい！」という反応をしながらも，子どもたちは大喜びでのってきます。私は，算数の時間にアシスタントとしてパペットを登場させます。よくある教育技術として，「教師がわざと間違えて，子どもにそこを指摘させる」というものがあります。ですが，2年生ともなると，「先生，答えわかってるんじゃないの？」といったツッコミがくるのです。そこで，パペットにわざと間違ってもらい，子どもにツッコミをしてもらうという手法を取ります。教師である自分も「だよね。間違ってると思った！」と子どもたちと一緒にツッコミながら，授業中のコミュニケーションを楽しんでいきます。

　他には，ノートを書くときにも楽しさのスパイスを足す工夫をします。算数など，問題を解く授業のときには，時間差が生まれることがあります。早く問題を解き終えた子は手持ち無沙汰になり，「待ち」の時間になってしまいます。そこで，ノートにオリジナルキャラクターをかいて，そのキャラク

ターに問題を解くときのポイントをしゃべらせてあげるということをします。キャラクターは，鉛筆や消しゴムなどを元にした，サッとかけるものにしておきます。この方法により，ノートを楽しくまとめると同時に，ポイントを自分で考えて書く力も養うことができます。

2　愛のある児童理解を目指す

　低学年の子どもにとって，教師は大きな存在です。教師がその子のことを承認して，やる気を引き出せば子どもの力はどんどん伸びていきますし，逆に教師が大きな声で叱ったら，萎縮して泣いてしまう子もたくさんいます。こういうことを頭の片隅に置いて，愛のある児童理解を目指して接していきます。

　例えば，子どもが毎日のように連続して忘れ物をしてきたら，皆さんは，どのような気持ちになりますか。正直に言うと，私もそのような状況が続いたときにイライラしたことがあります。ですが，「こらっ！　なんで何回も忘れてくるの？」と叱ったところで，その子の忘れ物は減るでしょうか。答えは No ですよね。「忘れ物をした」という事実に目を向けるよりも，「なぜ忘れ物をしてしまったのだろう」という原因やその子の生活している背景に目を向けた方が改善に結びつきます。

　そのためには，愛のある児童理解が必要です。もしかしたら，その子は生活リズムが乱れていて，準備の時間を前日に確保できていないのかもしれません。また，何かしらの特性があって1人で準備するのが難しいのかもしれません。低学年の準備物はある程度保護者のサポートが必要なところがあるので，そのサポートが不足している可能性も考えられます。

　「愛のある」という言葉は，マザーテレサの名言を連想させます。彼女は「愛の反対は憎しみではなく，無関心である」と語っています。教師がその子に関心をもって理解しようとすることは，最大限の愛なのです。これは学年を問わず大切なことなのですが，特に低学年の場合は，自分の思いを言語

化するのが難しいので，教師から子どもたちの話に耳を傾けたり，様子を観察したりして，その子のことを知ろうとすることが大切になってきます。

3 肯定的フィードバックでやる気を引き起こす

　低学年の担任をしているとよく見かけるのが，文字のお直しをして，ノートが真っ赤になっているというケースです。これは，担任がその子の書く字の形が整うことを望んで，赤を入れていると考えられます。

　しかし，低学年は学習の入門期ということも考えると，この方法は勉強嫌いを生み出すリスクもあるのではないでしょうか。もちろん，お直しで字形が美しく整う子もいることでしょう。ですが，勉強嫌いになるリスクの方が大きいように感じます。お直しが厳し過ぎると，保護者から「宿題が嫌で泣きながらやっています」といった声を耳にすることがあります。

　こうならないために気をつけているのが，肯定的なフィードバックを行うということです。私は，字が間違っていない限り，できるだけ赤を入れません。その代わりに，肯定的なフィードバックを行います。

　例えば，ノートの中で特に字形が整っていると思う文字3つほどに花まるをつけていきます。そして，ノートのすきまに「すごい！　今日の『刀』という字，かっこいい！」などとコメントをします。もちろん，全員にコメントを書くことは難しいので，4〜5人に書いていきます。1日に書くのが5人だとしても，1週間あればおおよそクラスの全員にコメントを書くことができるからです。

　また，コメントを入れないときには，給食の待ち時間に呼び出して，肯定的な声かけをします。「今日の宿題の字だけどね，やるのにどれくらいかかったの？　とてもきれいに書いているからびっくりしちゃった」と，このように，肯定的なフィードバックを行いながら，やりとりを楽しんでいきます。肯定的なフィードバックを続けていくと，不思議なもので，子どもたちの字も徐々にきれいになってきます。何よりも，やりとりをして信頼関係を築け

ているところに肯定的なフィードバックをすることの価値を感じています。

4　双方向でのコミュニケーションの場を整える

　2年生の子にありがちなのが，自分の思いを伝えることはできるけれど，相手の思いを受け止めるのが苦手ということです。

　相手が話しているのに，聞き手の子が上の空という場面は多々見受けられます。そこで，双方向で伝え合う「コミュニケーションの場」を整えていくことを大切にします。

　例えば，朝の会の際に「ミニトークタイム」を入れるということをやっていきます。トークテーマは「好きな色は何？」「好きな食べ物は何？」など，簡単なものからスタートします。

　ここで，ポイントがあります。それは，「ゲーム要素」を取り入れるということです。例えば，「相手の言ったことに対して質問できたら1ポイント」や「相手の言ったことに対して，自分の考えを言えたら1ポイント」といった形です。

　2年生の子は，ルールを理解するのが難しい場合があります。最初は，「先生と見本をやってくれる人？」と募り，前で見本を示してからスタートするとスムーズに進められるでしょう。

　ミニトークをゲーム化して双方向のコミュニケーションに慣れてきたら，いよいよ授業に組み込んでいきます。「『○○さんにつけ足しで…』と前の意見につけ足しながら意見を言えたら1ポイントです。ただし，これをやろうと思うと，人の意見をよく聞かないと難しいですよ。できるかな？」と，このような形で導入していきます。

　授業の終わりには，「つけ足しで意見を言えていた人が3人もいましたね」と肯定的なフィードバックを行うことで，いつしか，双方向で伝え合うことが習慣になっていきます。

CONTENTS
もくじ

4月の学級経営のポイント

1 下級生ができたわくわく感の演出と上級生としての活躍の場をつくる

1年生と2年生の大きな違いは，1年生という下級生ができることです。それまで，上の学年にお世話されることばかりだったのが，お世話する側にまわります。「今年からお兄さん，お姉さんになったね」「1年生と比べて，どんなことができるようになるかな？」と意識を高めてあげることが2年生のポイントです。上級生になったわくわく感を演出すると，学校生活が楽しいものになります。

2年生は，1年生の姿を見ながら自分自身の成長を感じることができます。「こんなことができるよ！」と言いにくる子どももいることでしょう。1年生を見ながら去年の自分と今の自分を比べています。この意欲を大切に「自分でできるかな？」「任せてみようかな」と声をかけ，自分でできる場や，活躍できる場をつくってあげましょう。

また，2年生は去年の経験から1年間の流れが見通せるようになっています。「次は運動会だね」「もうちょっとで遠足だね」など，ちょっと先の出来事を示してあげることで，学校が楽しいものになっていきます。

2 学校は何をするところなのかを確認し，学習の心構えをつくる

1年生では，1年間を通して，ひらがな・カタカナ・漢字・数字といった文字を学んできました。学習するための道具を身につけたのが1年生とも言えます。ですから2年生こそ，本当の学校生活が始まるといってもよいでしょう。そこで2年生になったばっかりの子どもたちに学校で過ごすため，次のような心構えを話します。

「学校って何するところ？」

例外なく「勉強するところ！」と返してきます。そこで，次のように問い返します。

「勉強ってなあに？」

・国語・算数・生活・体育・図工…

各教科が出ます。さらに問いかけます。

「時間割にある勉強だけ？」

すると，教科以外のものも出てきます。

・掃除・給食・朝の会・帰りの会…

それぞれに「どうして？」と問いかけます。

「そうだね。学校で過ごすすべてが勉強だね。休み時間だって，友だちと上手に過ごす勉強ですよ。しっかり勉強しましょう」と学校生活全部が勉強だという，と伝えます。

3 話の聞き方を身につけ 話し合い活動の土台にする

　4月，連絡や学習など，先生が話すことが多いことでしょう。まずは話が聞ける子どもにしなくてはいけません。

　例えば，次のような約束を決めておきます。
①手には何も持たない。
②話をしている先生（友だち）の方を向く。
③先生が話し始めたら静かにする。

　加えて，話を聞いていることを態度で表すために，次のようなことも指導しておきます。
④うん，うん，といった相づちを打つ。
⑤表情で聞いている様子を示す。

　これが後々授業中に，話し合う活動をするときの土台となります。

4 子どもと個別の話をして お互いの関係を深める

　2年生といっても4月は，まだまだ1年生の様相が残っていて，先生と子どもの1対1の関わりを求めている場合もあります。先生の話は「みんな」に向けて話しつつ，目は一人ひとりに語りかける気配りが必要です。

　また，まだ自分の気持ちや言いたいことを上手に言葉にすることができない子どももいます。そこで担任として，個別に話しかけたり，目と目を合わせたりすることが必要になってきます。2年生は，先生のことが好きになると，どんな話でも聞いてくれます。4月は子どもとの関係を深める時期でもあります。

（広山　隆行）

4月

2年生になったね！

1年生が入って来るね！

私，弟が入って来るんだ。

1年生も入ってきて，もうお兄さん，お姉さんだね。

春休み
「やることリスト」

1　3月中にやること

①学年・学校単位でやること

- 学年分掌の割り振り，組織図作成
- 学年の理念，方針のまとめ
- 担当クラス決定　名簿作成
- 新年度の部会，昼食の計画
- 学年通信，学年懇談会資料の作成
- 教室，廊下，黒板，ロッカー，靴箱などの清掃

　3月中に新年度の人事の内示があり，準備を始めてもよい学校であれば，早めに準備を進めることができます。ただ，職員室の職員の座席の移動や教室の担任の荷物の移動は，外から見てわからないように気を配って行いましょう。始業式の担任発表があるまでは，だれが担任かわかるものを子どもの目にふれるところに置かないのが鉄則です。職員室が1階の場合は，カーテンなどを閉めて見えないようにしておきます。

　新年度に赴任される先生が新2年生の担任の場合もあります。その場合は，新しく来られた先生が出遅れ感を抱くことがないように，準備の仕方に気を配ることも大切です。3月中にする準備は，教室の清掃や名簿作成など，学年で同じようにできそうなことを赴任される先生の学級分も含めて準備しておくとよいでしょう。また，学年でともに担任する意識で，新しく赴任される先生の学級の子どもの引継ぎ情報も聞いておくようにしましょう。

②学級担任としてやること

・学級経営案の作成
・学級通信の作成
・出会いの演出の検討
・日直，給食，清掃，係活動などの学級システムの検討
・学級の子どもの情報の引継ぎ
・学級名簿の作成

　前述のように，新年度から赴任される先生が学年団にいる場合と，そうではない場合は，３月中の準備が異なってきます。新しく来られる先生がいる場合は，現任の先生方が学級の準備をやり過ぎないように心がけましょう。１年時の担任が異動する場合は，４月からはその先生にいろいろと聞くことは難しくなるので，必要な情報を落とすことがないように聞いておきましょう。特に，子ども同士の関係性，保護者への対応，特別支援的配慮の必要な子どもへの支援の経緯などは，詳しく聞いておく方がよいでしょう。

　自分が１年時にも担任で２年に持ち上がる場合もあります。その場合は，１年時の子どもの成長をまとめておくことが大事です。１年時の成長と課題を踏まえて，２年生ではどのように子どもたちを高めていきたいのか，具体的に考えてみましょう。持ち上がりの場合，子どもも保護者も安心していますが，新鮮味に欠ける部分もあります。学級経営として，１年時と何が変わるのか，２年生としての成長点をわかりやすく説明できるように準備をしておきましょう。

　学年に複数学級がある場合で，いくつかの学級のみ担任が持ち上がるという場合もあります。この場合は，１年時の学級のルールや担任としての思いをいったん白紙に戻すことが必要です。１年時に担任していなかった子どもが疎外感を感じることがないように配慮して，学級経営方針や年度はじめの学級経営を考えていきましょう。

2　4月に入ってやること

①学年・学校単位でやること

- ・自己紹介＋学年の方針，分掌共有
- ・学年集会，学年懇談会資料作成の依頼
- ・給食，清掃指導など方針共有
- ・名簿印刷，消耗品発注
- ・指導要録などの必要書類差し替え
- ・始業式当日の動きの確認
- ・配付物の確認
- ・学級編制名簿の掲示

　学年団として新年度のスタートで大事にしたいのは，学年団の職員の関係づくりです。これから１年間ともに子どもたちを育てていく同僚です。自分の学級経営方針やこの１年間での期待や希望なども語り合いながら，気軽に相談したり協力したりできる関係をスタートさせましょう。学年としてそろえて動くところと，各学級担任のオリジナリティを出すところを区別して，協力していきましょう。経験年数の少ない先生は，先輩の先生の動きをよく見て，よいところはどんどん取り入れて行ってみる姿勢でいましょう。

　４月は，始業式や入学式，離任式，学年集会，当番活動の決定など，学年でともに動いたりそろえて決めたりしていくことが多い月です。また，指導要録，名簿，学年・学級通信などの書類整備，配付物作成もたくさんあります。落ちがないように，学年全体で声をかけ合って，確認し合いながら準備を進めていくことで，学年団のまとまりも生まれてきます。学年主任を中心に，子どもがどの学級でも安心してスタートを切ることができるように，それぞれの立場から主体的に考えを出し合っていけるとよいですね。

②学級担任としてやること

・学級活動の計画
・学級名簿作成
・教室環境の確認，整備（ロッカー，靴箱，掃除道具，時計等）
・座席表，時間割表，給食・掃除当番表の作成
・黒板メッセージの作成
・初日のあいさつの検討，練習
・学習指導の年間計画を基に週案を作成
・始業式，入学式の子どもの動きの確認

　学校の行事予定，学習指導の年間指導計画等を基に，４月当初の週案を作成しておきます。学年団でも確認しながら，具体的に考えておきましょう。例えば，始業式の式場への移動の仕方や並び方など，簡潔にわかりやすい指示を出せるように考えておくことが大切です。そのときに留意したいのが，子どもたちは２年生に進級しているという点です。１年生のようになんでも担任が細かに指示するのではなく，子どもたちが自分たちで考えてできることは初日から子どもたちの自主性を期待してさせてみるのがよいでしょう。４月の行事は，子どもたちのこれまでの成長とこれからのやる気を認める絶好の機会です。ちゃんとさせようと心配して手を出し過ぎないように，ゆったり構えてしっかりと子どもたちの様子を見ることを大事にするとよいと思います。

　始業式で子どもを迎えるまでに担任として最も気をつけて準備をするのは，子どもたち全員が安心して新年度のスタートを切れるような環境をつくっておくことです。みんな同じようにきれいな机といすで，同じように担任の笑顔と「○○さん」と名前を呼んでくれる優しい声に迎えられるよう，一人ひとりを思い浮かべながら準備を進め，子どもとの出会いを待ちましょう。

(尾崎　正美)

4 April

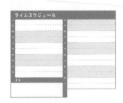

新年度1週間の
タイムスケジュール

1日目

時間	内容
登校 〜 8：00	・教室の開錠，窓の開放 ・教室内の確認 ・学級編制表の掲示
8：10 〜 8：30	・子どもの出迎え ・出欠席の確認，健康観察 ・学級ごとに男女名簿番号順に整列 ・始業式の式場へ引率
8：40 〜 9：15	・着任式，始業式 ・学級担任発表・紹介 ・教室へ引率指導
9：30 〜 10：15	・学年集会，学級活動① ・担任の自己紹介，学級への願い ・子どもの自己紹介
10：35 〜 11：20	・学級活動② ・教科書の配付 ・今後の予定の連絡 ・明日の登校・下校時刻，持ち物等の連絡
11：35	・一斉下校 ・教室の整理・整頓，施錠
13：00〜14：00	・職員打ち合わせ
14：00〜15：00	・学年会 ・授業準備

新年度の始まりの日。

　２年生の子どもにとっては小学校でのはじめての進級です。始業式で新担任が発表されるまでは，旧学年の担任団が対応します。クラス替えは，始業式後に学年で発表される学校もありますが，朝のうちに学級編制表を貼り出しておいて知らせる学校もあります。後者の場合，子どもが朝から新しい教室に入って，始業前の準備をすることになります。教室の座席（出席番号順）表と準備の指示を教室黒板に貼っておき，子どもが困ることのないようにしましょう。

　始業式が終了したら，新担任が教室へ連れて帰ります。学級が複数ある学年では，学年集会をする場合もあるでしょう。学級の子どもだけでなく，学年の子どもにも明るく自分らしさが伝わるようなあいさつをしましょう。

　学級活動では，なんといっても，出会いの時間を大事にしましょう。担任と子どもとの出会いだけでなく，子ども同士の出会いがよいものになるよう気を配りましょう。担任の自己紹介，あいさつは短く印象的に。子ども同士の自己紹介は，「好きなあそび」「好きな食べ物」など話すことを具体的に提示してから始めたり，好きなものを書いた紙を集めて「友だちクイズ」としてクイズ形式にしたり，楽しい工夫をしてみましょう。みんなの前で改まって発言することが苦手な子どももいるかもしれません。楽しみながら自然と声を発することができるような場を設定しましょう。

　初日を楽しく終えることと同じくらい，規律ある集団行動を体験させることも重要です。式から教室への移動での歩き方，休み時間の教室での過ごし方，授業でのあいさつの仕方など，１年生のときに身につけてきた規律ある生活態度を称揚しながら確認していきましょう。当たり前のことをちゃんとしていることを認めていくことで，それが２年生での生活の基盤となっていきます。

　帰りは，一人ひとりと握手をしたり，ハイタッチをしたりしながら，笑顔で送り出しましょう。

4月

2日目

1時間目	学級活動	・提出書類等の回収 ・キャリア・パスポートの作成
2時間目	身体測定	・更衣の仕方の確認 ・無言で移動・待つことの確認 ・あいさつの確認
3時間目	学級活動	・係活動の話し合い
4時間目	学級活動	・当番活動（給食，掃除）の確認 ・入学式準備の分担説明 ・明日の登校・下校時刻，持ち物の確認
5時間目	入学式の準備	・2年生の担当場所の清掃

①学級での生活の基盤をつくる1日

　2日目は，当番活動や係活動など学級での生活の基盤をつくっていきましょう。2年生は，昨年度の経験があるので，子どもが身につけている力を最大限に活用して主体的に学級での生活に関わっていけるようにしましょう。当番や係の活動は，まず子どもに当番ではどんな仕事をするべきか，学級にはどんな係が必要かということを問いかけることから始めます。できるだけ子どもの思いを生かしながら，仕事の内容や係を決めていけるようにするとよいでしょう。

②服装，あいさつなど規律ある態度の確認

　服装やあいさつなど，毎日きちんとするべきことは，重点的に声をかけ，早いうちに徹底させましょう。その際，できていることは見落とさずほめ，できていないことは短く声をかけ，様子を見ましょう。どうしたらよいと思うか子ども自身に考えさせることも重要です。1週間程度，重点的に意識し

て声をかけ，学級全体で規律ある態度で生活することを共通理解していきましょう。

③整理整頓はまず担任から

　子どもの持ち物は，ロッカーや机に整頓して片づけることが当然です。整理整頓された教室では，子どもたちの情緒的安定が見られます。多くの担任の先生が子どもたちに整理整頓を指導していると思いますが，このときにぜひ見直したいのが，担任自身の整理整頓の状態です。教師用机の中，机上，テストなどを入れている棚の中はきれいに整っているでしょうか。掃除道具や給食のエプロンなど，共有物は取り出しやすく片づけやすいように工夫されているでしょうか。ものの置き場を視覚的に示して，子どもが片づけやすいように整頓しておくのもよいでしょう。日常的に整理整頓を大事にしていく姿勢を子どもたちに見せていきましょう。

④1年生のことを考えながら行う入学式の準備

　翌日の入学式に向けて全校で準備の時間が設けられている場合は，担当の清掃場所を子どもが一生懸命きれいにできるよう配慮しましょう。まず，なんのためにする掃除なのかを子どもたちと確認しましょう。1年前の入学式や上級生の優しい関わりを思い出しながら，今度は自分たちが1年生を迎える立場になったことを共有し，「1年生が気持ちよく学校生活をスタートできるように心を込めて掃除をしよう」と思えるようにします。1年生のことを思う心が表れる行動が見られたら，上級生らしい心がけをしっかり認めていきましょう。掃除をしながら1年生を迎える心の準備もできるでしょう。

⑤子どもの自主性を大切に

　1学年進級し，自立心も芽生えてくるころです。1年生のときの経験を生かして，自分たちで考えていろいろなことに挑戦できるよう，大きな気持ちで見守ることを基本姿勢としてもっておきましょう。

4月

3日目

1 時間目	学級活動	・提出書類等の回収
		・係活動
2 時間目	入学式	・服装点検
3 時間目		・早めに式場へ移動
4 時間目	国語	・教科書に沿った学習
		・音読，漢字練習などの宿題の仕方の確認
5 時間目	算数	・教科書に沿った学習
		・宿題の計算ドリルの仕方の確認

①みんなで１年生を迎える気持ちを

　本日の最も重要な行事は入学式です。式の前に昨年度の自分たちの入学式での気持ちも思い出しながら，１年生をどんな気持ちで迎えたいかみんなで共有しておきましょう。

　式場に移動する前に全員トイレを済ませ，名札や服装が整っているか確かめておきましょう。式場では，１年生を迎える気持ちを態度で示すように声をかけます。朝の会で，国歌と校歌の練習をしておくと，声を出しやすいでしょう。

　式後，上級生として立派な態度で参加できたことをしっかり認める声かけも忘れずに行いましょう。上級生としての自覚が育ちます。

②早めの行動を合言葉に

　時間を守って行動することは，集団生活で大変大事なことです。授業をチャイムと同時に始めることができると，とても気持ちがよいものです。この１週間，早めの行動を重点的に心がけ，時間を守る雰囲気を定着させましょう。チャイムと同時に授業を始めるために，「２分前着席」を呼びかけてみ

ましょう。担任を含め，全員が2分前に席に着いていることを目指してがんばりましょう。もちろん，担任として授業の終わりも絶対に守りましょう。先生自身が時間を守る意識を見せていくことが最も大事です。

③考えることが楽しくなる学習に

　本日から教科の学習も始まります。まず，国語や算数から始めましょう。ここで，学習の準備や宿題の仕方など，毎日行うことの確認もしておきましょう。学習は，子どもが考えたくなる課題を毎時間1つは提示してみましょう。「考えたくなる課題」とは，答えが多様に考えられる課題や，既習事項を活用すると答えの予想が立つような課題です。問われた瞬間に多くの子どもに答えがすぐわかる課題ばかりでは，考える楽しさが得られません。「2年生の勉強，楽しいな」とすべての子どもが思えるような，「考える」学習を目指して準備しましょう。

④子ども同士で話し合う場を

　係活動など，子どもたちに自主的に活動させようとすると，前年度の学級のルールの違いによってしたいことが異なる場合も出てきます。それは，子どもたちが話し合うチャンスです。困ったことがあったら，すべて担任が話を聞いて解決するのではなく，子どもたちに話し合いの場を与え，自分たちで解決することに挑戦させましょう。基本的な話し合いの仕方「①それぞれの困っていることを整理→②解決策を提案→③どれがよいか相談」を教え，学級活動や帰りの会等を使って，子どもたちに話し合わせてみましょう。担任として，子どもたちが選んだ解決策を確認・掲示し，その後の生活を見守りましょう。そして，うまく解決できていたらほめ，新たな問題が起こったら，再び話し合いの場を設定してみましょう。すべてのトラブルに同じように時間をかけることは難しいですが，可能な限り子どもの自主性を大切にして話し合いを活用してみましょう。

4月

4日目

1時間目 2時間目	生活	・1年生との学校探検の準備 ・グループで探検コースをまわりながら説明を考える活動
3時間目	国語	・図書室の使い方
4時間目	体育	・更衣の仕方 ・体育の学習のきまりの確認
5時間目	算数	・教科書に沿った学習

　生活科では，昨日の入学式のことを話題にし，1年生に学校のことを教えてあげたいという思いをもてるようにします。昨年度，自分たちも2年生に学校を案内してもらった経験を思い出しながら，どこをどんなふうに案内したいのかグループで考えていくようにしましょう。低学年は，体験を通して考えを深めていくので，実際に校内を歩きながら案内の内容を決めていくとよいでしょう。

　国語では，司書教諭と連携して図書室の使い方のオリエンテーションを行います。授業だけでなく休み時間にも図書室を利用することがあるので，図書室での過ごし方のマナーを全体で改めて共有しておきましょう。

　体育では，体操服への更衣の仕方や脱いだ服の置き方も改めて確認します。紅白帽やタオル，水筒など基本的な持ち物も確認します。安全に移動するため，水筒はたすきがけにする，帽子はあごひもをかける，体操ズボンにシャツを入れるなどの細かなところまで確認しておきましょう。体育は笛の合図で「立つ」「すわる」「集合」などが決められている学校が多いので，その合図も改めて確認しておきましょう。

　算数では，数図ブロックや計算カードなどを使います。必要なときにすぐ出せるよう，道具箱への入れ方も全体で確認しておきましょう。

5日目

1時間目	国語	・教科書に沿った学習
2時間目	生活	・1年生へ学校探検の招待状づくり ・学校探検の練習
3時間目	図画工作	・教科書に沿った学習
4時間目		・絵の具やクレヨンの使い方
5時間目	学級活動	・避難訓練内容・避難経路の確認

　5日目となると，新しい学級にも慣れ始めます。学習でも子ども同士の関わりを増やして，新しい友だち関係を築くことができるようにしていきましょう。学習では，ペアやグループの活動を徐々に増やしていきましょう。生活科で学校探検の招待状を協力して作成したり，図画工作で友だちのかいた絵を鑑賞して感想を伝え合ったりする活動を通して，いろいろな人と交流できるようにしていきます。

　長い休み時間には，学級あそびをしてみるのもよいでしょう。はじめは担任が中心となって声をかけ，みんなで遊んでみましょう。担任自身が思いきり楽しんで遊びましょう。みんなで遊ぶことで，子ども同士の距離がぐっと近くなります。

　また，学習や給食での個別支援も意識して始めていくタイミングです。4日目までに子どもの様子を観察して，個別の関わりが特に必要な子どもが見えてくると思います。その子どもの課題や特性を踏まえて，少しずつ個別に適切な支援をしていきましょう。

　全校で行う避難訓練は，事前に避難訓練の目的と避難経路の確認をしておきましょう。「お・は・し・も」の合言葉とともに，避難の放送をよく聞くこと，自分の身は自分で守ることも指導しておきましょう。

（尾崎　正美）

4月

「黒板メッセージ」
のアイデア

1　全員の名前をひらがなで板書する

　教室に入ったら自分の名前が書いてあると子どもはうれしいはずです。所属意識が高まり，自己存在感を感じることができるからでしょう。学級通信などを書くと，子どもたちは自分の名前が載っていることにとても喜びを感じます。これは，そんな感覚を生かすアイデアです。

　はじめて入る教室の黒板を見ると，自分の名前が書いてあり，だれが同じクラスなのかひと目でわかる。そんな黒板メッセージをしかけます。２年生では姓と名をひらがなで書き，自分たちで読めるようにしておきます。そうすることで，友だちの名前をいち早く知ることができます。手書きすることで温かみが生まれ，黒板に名前を書いてもらったという特別感も引き立ちます。なかなか味わえない体験を，ぜひ子どもたちにも味わわせてあげてください。

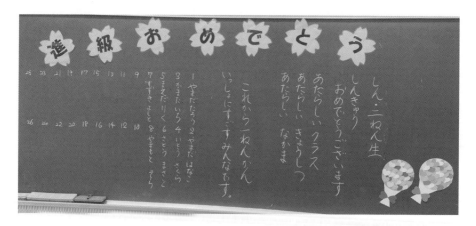

2　メッセージカードが隠されていることを伝える

　はじめて入る教室のどこかにメッセージカードが隠されていることを黒板で伝えるというアイデアです。

　黒板のメッセージを読んだ子どもたちは、さっそくカードを探し始めます。宛名なしのカードでもよいですし、あえて宛名を書いてはじめての出会いを楽しむのもよいでしょう。もし宛名を書いたカードを隠す場合には、自分のカード以外に見つけたカードはそのままにしてほしいと指示しておくことも大切です。そうすることで、全員が自分のカードを探し出すことができるからです。自分のカードがなかなか見つけられない子には、先に見つけた子がヒントを出すこともできます。

　このようにして、担任が発表される前のひとときを楽しんで過ごしてもらいます。メッセージカードに書く内容は、例えば「ようこそ！　○○さん。あなたと１年間一緒に過ごせるのをとてもうれしく思います。これからよろしくね」といった程度の短い文章で大丈夫です。かわいいカードにメッセージを書いてあげれば、子どもたちはとても喜びます。このアイデアはどの学年でも使えるので、ぜひ試してみてください。

4月

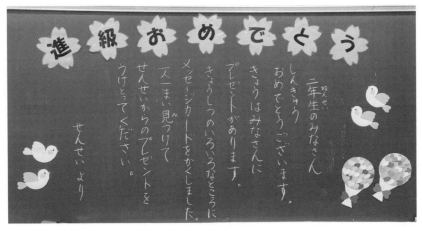

（上地真理子）

「教師の自己紹介」のアイデア

1　自己紹介からクイズを出題する

　自分たちよりも年下の１年生が入学してくることにわくわくしている２年生。小学生の少し先輩として，自信をもつことができるようにしてあげたいですね。少しずつ使う言葉も高度になってくる２年生ならではの自己紹介をしましょう。

　１つめは，自己紹介からクイズを出題するという方法です。一方的に教師が自己紹介をして終わるのではなく，子どもたちは教師が話したことの中からどのような問題が出題されそうか考え，メモを取りながら聞きます。２年生の子どもたちに自己紹介で考えさせるという経験はとても貴重です。このあと自分たちも同じようにつくると，友だち同士の自己紹介にもなります。

2　ICTを活用してクイズを出題する

　低学年期は，短いスパンで状況が切り替わる方が集中しやすい傾向にあります。また，クイズを含んだ自己紹介は，どの学年でもできるものではありますが，話し方，聞き方などの基本的なコミュニケーションの形を１年生で学び，思考の分化が進んできている２年生が一番適当ではないでしょうか。

　そこで，あらかじめプレゼンテーションアプリなどで担任自身に関するクイズをつくっておき，３択クイズ形式で出題します。前ページで紹介したメモを取る活動は，聞こえたものを書くという力も同時につけますが，こちらは直感的に選択するため，書くことが苦手な子どもでもしっかりと参加することができます。

　そのあと，同じように自分たちもプレゼンテーションアプリで自己紹介のスライドをつくれば，友だちのことを知る機会にもなり，学級開きの自己紹介として効果を発揮してくれます。

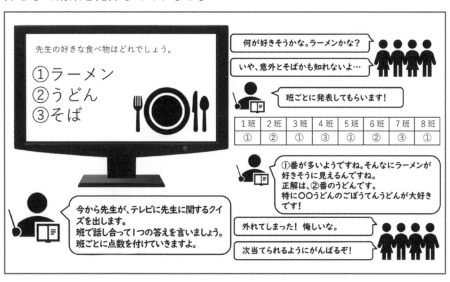

（渡邉　駿嗣）

「子ども同士の自己紹介」のアイデア

1　自分の成長した点をアピールさせる

　2年生になり，新しい1年生が入学してくると，これまでのように甘えてはいられないという思いが芽生えてきます。1年生のお手本になろうとしたり，わからないことがあれば教えてあげようとしたり，心の成長が見えやすい時期でもあります。こういった意欲をさらに伸ばすことができるように，自分の成長を見つめることのできる自己紹介を行いましょう。

　自分の入学式の写真や，入学当時の写真を見せながら，1年生のころとは違った自分をアピールしていきます。普段行っているような自己紹介につけ加えて，できるようになったこと，もっとがんばりたいことなどを話すようにします。思いつかないときには，友だちから成長した点などを補足してもらうと，自信や友だちへの信頼につながります。

2 好きなものを5つ選んで自己紹介をする

　自己紹介で好きなものを伝えようとすると，型にはまってしまいがちです。そこで，子どもたちが紹介しやすいカテゴリーを掲示し，その中から5つ選んで紹介するという方法を取ってみましょう。

　カテゴリーは，あらかじめカードにして準備しておくと見やすく選びやすいですが，自己紹介の前に子どもたちの意見を聞いてから書き出すのも1つの方法です。

　まず名前を伝え，帰宅するルートなどがあればそれも紹介します。すると，「一緒に帰ろう」と誘い合うことができるようになるからです。その後，伝えやすいカテゴリーを選び，「好きな食べ物は，〇〇です」のような表現で，5種類紹介します。種類の数は，子どもたちの様子や時間などで調整してください。

　はじめに担任が手本を示しながら自己紹介をすると，やり方を理解しやすくなります。

4
月

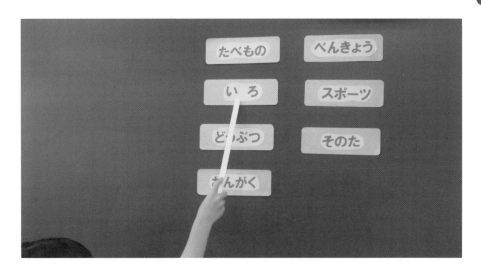

（荒畑美貴子）

「学級通信第１号」のアイデア

1　まずは自分自身や自分の思いを伝える

　「学校は見えにくい」と言われることがあり，それが保護者と連携していく際の障壁となることもあります。そんな課題を解決し，教室と保護者との間に温かいつながりをデザインする手段が学級通信です。学級通信第１号では，まずは担任自身のことや思いを語ることから始めてみましょう。具体的には自己紹介や学年目標に込めた願い，学級開きでクラスの子どもたちに語ったことなどです。担任がどんな思いを大切に子どもたちと向き合っていこうとしているのかなどを保護者に知ってもらう機会は多くありません。しかし，温かい信頼関係を築き，手を取り合って子どもたちの成長を支えていくためには共有しておきたい大切なことです。自分を大きく見せようとせず，自分の思いを素直に書いていくのがポイントです。

2　QRコードを活用して双方向的なものにする

　進級し，お兄さんお姉さんとなった2年生。子どもたちはきっと，新しい環境への期待と同時に不安も抱えていることでしょう。そして，それは保護者も同様です。「学校ではどんな生活を送っているのだろうか」「笑顔で過ごせているのだろうか」「新しい友だちはできたのだろうか」といった想いを抱えながら子どもたちを学校へ送り出している保護者は多いと思います。そこでおすすめなのが，学級通信でのQRコードの活用です。QRコードを活用すれば，動画で子どもたちの様子を伝えたり，子どもたちの成果物をまとめて配信しフィードバックをもらったり，Googleフォーム等のアンケートを使って保護者と対話することも可能です。動画を用いることで，子どもたちの様子や学級の雰囲気をより詳しく伝えることができます。子どもの成果物を配信しフィードバックをお願いすれば，授業での子どもたちのモチベーションや成果物の質も上がります。Googleフォーム等で保護者と日頃から温かいコミュニケーションが取れれば，学校と保護者が手を取り合って子どもたちの成長を支えていくための土台を築くことができます。

4月

（平子　大樹）

「学級目標」のアイデア

1　学級目標のロゴを工夫する

　皆さんは，学級目標の掲示にどんな工夫をしていますか。

　学級目標は，基本的に1年間を貫く大切な学級のシンボルとも言えます。だからこそ，子どもたちに愛着をもってほしいものです。

　学級目標をシンプルに文字のみにするというのもありですが，2年生はまだまだ低学年。ちょっとひと工夫することで，より学級目標に愛着をもてるようになります。

　ここで紹介するのは，ロゴの工夫です。下の例では，子どもたちに馴染みのあるゲーム風のロゴにしました。子どもたちは当然大喜びです。インターネット上で調べてみると，このようなロゴのつくり方はたくさん出てきます。ぜひ検索してみてください。

2　学級目標のまわりに自分たちの顔を飾る

　前ページで,「学級目標に愛着をもってほしい」と述べました。それは,子どもたちに「所属感」を感じてもらうためです。所属感とは,「私もこのクラスの中にいていいんだ」と思えることです。

　学級目標は,今後１年間を貫く大切な価値の視点となります。

　かといって,言葉で大切さを伝えても伝わりきらないのが２年生です。そこで,子どもたちが学級目標に愛着をもつための工夫を１つ提案します。

　下の写真の通り,学級目標のまわりに,自分たちの顔をつくって飾るのです。図画工作の授業の中で自分たちの顔をつくる時間を取ると,クレヨンを使う練習にもなります。

　「大事な自分の顔だから,丁寧につくろうね」

と,丁寧につくりたくなるような言葉かけをしながら作成させていきます。

　私の学級では,時間が経っても,自分の顔をときどき子どもたちが眺めている様子が見られます。

4月

（篠原　諒伍）

生活指導のポイント

1　「着席・号令」の指導のポイント

　クラス替えがあったばかりの4月，担任も替わり，2年生は緊張しています。この緊張している時期が生活指導の絶好のタイミングです。

　まず，チャイムを守ることを徹底させます。チャイムが鳴ってすぐに席に着いた子をほめましょう。

　2年生は，1年間小学校生活を経験しており，学校のルールも1日の学校生活がどのように進むかも知っていますが，慣れているがゆえに生活に締まりがなくなる傾向があります。いい加減なところがないように目を配ります。

　号令への反応もしっかり見ておきましょう。「起立」と号令がかかったとき，すぐに立った子をほめましょう。

　ただ，低学年ですから，担任が思ったようには進まないこともあります。すまなそうな顔をして「トイレに行きたいです」と言う子が出てくるかもしれません。そんなときは，トイレに行かせ，歌を歌いながら待ちます。おすすめは手話がついた歌や手あそび歌です。歌だけでなく手を使うことで，よりリラックスできます。適度な緊張は必要ですがリラックスできる時間やリラックスできる活動も取り入れます。

2　「あいさつ・返事」の指導のポイント

　朝の「おはようございます」のあいさつは大事です。クラスのみんなで行う朝のあいさつの声が小さかったり，何を言っているかわかりにくかったりする場合はやり直しをします。凛とした返事を求めます。

ただ，一人ひとり全員にそれを求め過ぎると窮屈に感じる子も出てきます。朝の健康観察の「はい。元気です」の声を聞き，その子が緊張気味なのかどうかを確認します。

　もともと大きな声を出せるのに出さない子に，「声に元気がありません」という指導は大丈夫です。しかし，人前で大きな声を出せない子に同じ指導はできません。まずは，その子がどんな声なのか，しっかり観察します。

　健康観察のノートは，ただ健康をチェックするだけでなく，声の大きさなどを記録しておきます。「出席」のチェックを小さめに書いたり大きめに書いたりするくらいの記録で構いません。

　朝の声の出し方で，一人ひとりの子の緊張具合を見ておきましょう。そして，一人ひとりに合った指導をしていきましょう。

　ちなみに，元気な声が出ない子がいた場合，返事の前に一度息を吸わせてみましょう。それだけで，驚くほど声が出ることがあります。

3　「提出物」の指導のポイント

　連絡ノートや宿題などは，毎日決まったところに提出させます。何をどこに提出するのかわかりやすいように，色や大きさを変えたかごや箱を準備しましょう。

　提出の際に気をつけることも伝えます。例えば，プリントを提出するときは，前の人と同じ向きにそろえて提出すること，折ったままにせず開いて提

出すること，などです。

　向きがそろって提出されるだけで，それを見たりチェックしたりする際の時間が短縮されます。なかなかできない子には，個別に指導します。

4　「靴箱」の指導のポイント

　靴箱の靴や上靴をそろえるのは，きれいに見えるからだけではありません。靴をきれいにそろえるときには，一瞬意識がそちらに向きます。特に下校時は，慌てて帰ると事故にも遭いやすくなるので，一瞬立ち止まって行動することが大切です。

　上靴と靴を履き替えるスペースは広くありません。そのため，順番待ちが出ます。しかし，逆にそこがねらい目です。

　履き替えをしている子どもたちに上靴をそろえる指導をしたり，できている子をほめたりします。加えて，さようならのあいさつをし，ひと言つけ加えます。「○○さん。さようなら。今日の算数の時間の発表，よかったよ」といった感じです。

　下校時は，靴箱までついて行くことで，廊下を走って帰る子もいなくなり，一人ひとりに声をかけることができ，靴をそろえる指導もできます。

5 「トイレ」の指導のポイント

　トイレのスリッパ並べも靴箱と同様大事な指導です。

　2年生でクラス替えがあると、トイレで以前のクラスの友だちと出会うことがあります。中には、そこで遊んだりおしゃべりがはずんだりということも出てきます。使用後は、すぐに出ることも指導に加えます。また、上靴を履いたままスリッパを履く子がいることもあるので指導が必要です。

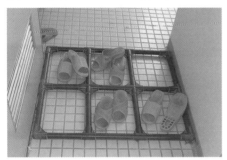

6 「持ち物」の指導のポイント

　新しい友だちに認めてもらいたいという意識からか、もので気を引こうとする子どもがいます。例えばシールなどです。学校の学習に必要のないものを持って来ないことを指導しましょう。

　対応が難しいものの1つが、ランドセルにつけるキーホルダーです。禁止だったり、つける個数を制限したり、学校によって対応が分かれているようです。自校で決まっていない場合、必要があれば「ランドセルから外して遊ばない」とか「見えるところにつけない」などのルールをつくります。

　今は、ぬいぐるみ型の防犯ブザー等もあります。他の子が触って壊したり盗難に遭ったりと、望ましくないトラブルが起こる可能性があります。事情を保護者に説明し、簡易なものに替えてもらうという方法もあります。

学習指導のポイント

1 「授業中の姿勢」の指導のポイント

　新しいクラスになって，子どもたちは少し緊張しています。一方で，授業中すぐに姿勢が崩れてしまう子がいます。姿勢が崩れると，猫背，ストレートネック，巻き肩等になる心配があります。本を読むにも字を書くにも姿勢は大事です。姿勢が崩れやすい子は，自分で姿勢が崩れていることに気づいていないこともあります。優しく注意しましょう。

　また，姿勢が崩れやすい子は，机やいすのサイズが合っていないこともあるので，その点も確認しましょう。

　2年生は，集中力が長く続きません。45分の間に立つ，歩く等の活動を入れることで，リセットしてうまく次の活動に入ることができます。「問題を立って読みましょう」とか「今覚えた漢字を5人の人の手のひらに書いてきなさい」などと指示し，立つ，歩く活動を取り入れましょう。

2 「聞き方・話し方」の指導のポイント

　教師や友だちの話を聞くとき，まわりがザワザワしていては発言の内容を聞き取ることができません。

　授業中，だれかが話をするときは教室が静かになる必要があることを伝えます。そのうえで，話し手の方を向いて話を聞くことや，挙手して指名を受けてから発言することなど，細かなことを指導していきます。

3 「ノートの使い方」の指導のポイント

　45分の授業の中に「ノートの時間」を取り，細かくノート指導します。

　まず，日付を書くこと，次に学習のタイトルを書くことです。国語と算数では，ページのスタートが右開きと左開きで違います。中には，１ページ目

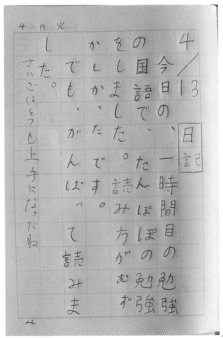

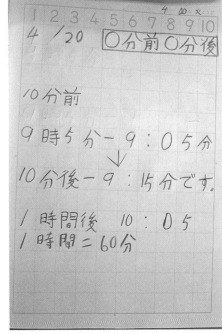

を間違う子もいます。したがって，ノート指導の初日には，1ページ目を確実に開いているかどうかを確認します。

2年生になると，学習する漢字の量が増えます。漢字を習得するには，漢字に慣れるのが一番です。習っていない漢字もどんどん黒板に書き，ふりがなをつけます。子どもが「ノートに漢字で書きたい」と言えば，習っていない漢字でも書いてよいことにします。頭の柔らかい時期ですから，いつの間にか読み書きできる子が増えてきます。

4 「筆箱の中身」の指導のポイント

筆箱に入れるものは，学校で決められていると思います。鉛筆，赤鉛筆，消しゴム，定規などです。

鉛筆は，削ってあるものを入れます。

赤鉛筆でなく，赤のボールペンでもよいというルールの学校もあると思います。しかし，2年生は赤ボールペンより赤鉛筆がよいでしょう。例えば，教科書の文字をなぞるとき，ボールペンではなぞった跡がはっきりしませんが，赤鉛筆ならはっきりします。テープ図の中に色をつけたいときも，ボールペンは塗りにくいですが，赤鉛筆は塗りやすいです。また，ノック式のボールペンをカチカチさせると授業の邪魔になり，子どもの集中力が削がれるので，そういった意味でも，2年生は赤鉛筆がおすすめです。

文房具には，過度な飾りのついたものや凝ったデザインのものがあります。例えば，鉛筆や鉛筆のキャップの一番上の部分にチェーンがついていて，小さなマスコットがぶら下がっているものがあります。消しゴムには，キャラクターや食べ物など様々な形のものがあります。定規では，真ん中から2つ折りにできる折りたたみ定規があります。どれも授業中に遊んでしまう原因になり得ます。さらに，友だちのものを壊してしまったり，盗難があったりと，トラブルにつながることもあります。したがって，鉛筆も消しゴムもシンプルなものに限定します。

5 「グループ学習」の指導のポイント

　学習内容に応じて，グループ学習を取り入れていきます。2人ペア，3人グループ，4人グループなど，用途に応じて使い分けします。

　左下の写真は，グループで漢字の学習をしています。教師の指示を聞き逃しやすい子も，まわりの子を見ながら遅れることなく活動をしています。

　右下の写真は，国語の時間の「役割読み」です。3人でグループをつくっています。

　グループで学習する最初の日は，グループのつくり方を時間をかけて指導し，だれがどちら向きになるのか指示します。

　左上の写真の場合，机の向きを変えています。これは，時間がかかるのでできるだけ短い時間でつくる練習をします。「10秒で4人グループをつくりましょう」などの指示で，ゲーム感覚で練習すると，子どもたちも楽しんで取り組むことができます。

　右上の写真の場合，いすの向きを変える子がクラスの半分ほど出てきます。どの3人がグループになるのか伝えます。

（黒川　孝明）

「教室環境」づくり

1　見てわかる提出物ボックスをつくる

　どこで，何をしたらよいのか，何をするべき場所なのかを明確にすると，教師の指示がなくても子どもたちが自然に動きます。

　そのために便利なのが，提出物ボックスです。提出物ボックスがあることで「これ，出したかな？」と子どもが自分でチェックすることもできます。こうした工夫で，教室という空間が構造化されたものになります。

2 教室の前面はすっきりさせる

　教室の前面には，必要最低限のものや掲示物だけを置き，なるべくすっきりさせます。献立表やおたより，当番表などは教室の背面または左右に掲示することで，授業中に子どもたちの視界に入る余計な刺激を減らすことができます。

　ただし，時計は教室の前面に置くのがおすすめです。時計の学習にも役立ちますし「あと何分かな？」という見通しをもたせることができるからです。

文字盤の横に長針（分）
の読み方を記しています

4月

3 手順がわかる掲示物を用意する

　絵の具の準備や片づけには，順番やきまりごとがあります。しかし，２年生にとって，それを一度に覚えきることは難しく，準備や片づけのペースも子どもによってまちまちです。

　そこで，下の写真のような掲示物を用意して，黒板に貼ります。子どもたちはこの掲示物を見ながら，絵の具の準備をします。

　特に，パレットや雑巾の位置は子どもによってはまちまちで，わざわざ使いづらい場所に置いてしまう子どももいるので，図を使って配置する場所も指定します。こうすることで，混乱することなく絵の具の準備をすることができます。

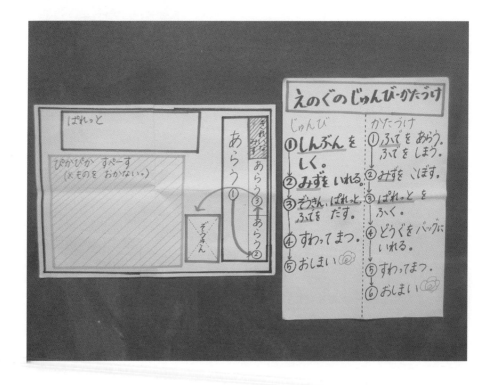

4　クールダウンスペースを用意する

　感情が高ぶったりストレスが高まったりしたときに気持ちを落ち着かせるための場所を教室の中に用意します。周囲とパーティションで仕切り，視界からの刺激を遮断することで，気持ちを落ち着かせることができます。

　また机のまわりを囲むようにパーティションを組み立てると，落ち着かない子が個人作業に集中して取り組めるようになります。普段はたためるようなタイプのものを選ぶと，置き場所にも困りません。

　教室内に留まることが難しいほど興奮してしまったときには，同じフロアで近くの部屋に専用のクールダウンスペースを用意します。

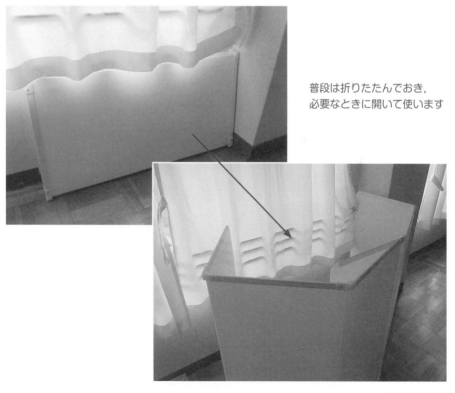

普段は折りたたんでおき，
必要なときに開いて使います

4
月

（立川　詩織）

「日直」のシステムづくり

1　当番表で「今日だれだっけ?」を防ぐ

　時間の始まりを意識してくると，クラスの子どもが「時間だよ。当番さん前に立って」と呼びかけ合うようになります。そうなってきたころに起こるのが「今日の当番だれだっけ?」です。そこで，日めくり当番表を設けます。その日の終わりに当番がめくります。日めくり当番表があるだけで，当番としての自覚が生まれます。「当番だれ?」と教室に何度も何度も同じ呼びかけが響き，子どもたちがイライラすることも防止できます。

2　日直を通してリーダーを育てる

　日直を通してリーダーを育てることを意識しましょう。リーダーに求めるものはたくさんあります。例えば，時間通りに始める，かっこいい姿勢，その場にあった声の大きさ，友だちへの言葉かけなど，様々です。考えてみると，これらはリーダーでなくても大事なことばかりです。日直はこれらを個別に教えるチャンスです。

　そこで，４，５月は，日直のすぐ側で見守ります。下のような「とうばんのわざ」を見せて大切なことを伝え，できていたり，意識していたりしたらほめます。これで，６月に学級全体がグッと伸びます。

（石川　栄作）

「朝の会・帰りの会」のシステムづくり

1　段階を踏んで流れを定着させる

　朝の会・帰りの会の流れを定着させるには，以下のように，段階を踏む意識で取り組みます。4月から焦り過ぎないようにします。

> 4月　担任が進行表を見ながら流れを丁寧に示す。
> 5月　当番のすぐ側に担任がすわり，困ったらいつでも尋ねられるようにする。
> 6月　自分たちでできる。

あさのかい

☆　いまから，あさのかいを　はじめます。

1　あいさつ
・「おはよう　ございます。」

2　げんきしらべ
・「ほけんかかりさん　おねがいします。」

3　もちものしらべ
・「チェックかかりさんおねがいします。」

4　せんせいの　おはなし
・「せんせいの　おはなしです。
　○○せんせい　おねがいします。」

☆　1じかんめの　したくをしましょう。

☆　おんがくスタート！

かえりのかい

☆　いまから，かえりのかいを　はじめます。

1　かかりのおしごと
「かかりの　おしごとをしてください。」

2　かかりからのおしらせ
「かかりから　○○にきをつけてください。」

3　せんせいからのおはなし
「せんせい　おねがいします。」
【みんな】　おねがいします。

4　しつもんタイム

5　かえりの　あいさつ
「かえりのあいさつをしましょう。」
【みんな】さようなら！！！！

☆　じゃんけん　ぽい！

2　役割演技で態度や言葉の大切さを体験させる

　朝の会の中で，子どもたちに態度や言葉の大切さを体験させます。2人組になり，2パターンの役割演技を行い，交代しながら行います。内容は，以下の通りです。2年生には効果絶大です。

---

① 「ありがとう」編
　　消しゴムを落とす役，消しゴムを拾う役に分かれる。
　　場面1　消しゴムを落とし，拾ってもらったら，黙って受け取る。
　　場面2　消しゴムを落とし，拾ってもらったら，「ありがとう」を言う。

② 「話の聞き方」編
　　話す役，聞く役に分かれる。
　　場面1　片方が話しているとき，目も合わせずうなずきもせず30秒聞く。
　　場面2　片方が話しているとき，目を合わせ，リアクションを取って聞く。

③ 「あいさつ」編
　　「おはよう」と言う役，「おはよう」と言われる役に分かれる。
　　場面1　黙る。
　　場面2　「おはよう」と言い返す。

4月

（石川　栄作）

「給食当番」 のシステムづくり

1　週交替でシステムを定着させる

　給食当番は，基本的に出席番号順でスタートします。システムを定着させるためには，最初は順番を固定した方が指導しやすいからです。当番は毎週変わり，1つずつ役割がずれていきます。給食当番表はホワイトボードにネームプレートを貼り，毎週ネームプレートをずらしていきます。最初は教師が毎週ずらしていきますが，システムが定着してきたら，子どもたちが金曜日の帰りに自分たちで変えるようにします。また，給食当番以外の全員に役割を与え，1人1役を確実に行うように指導します。

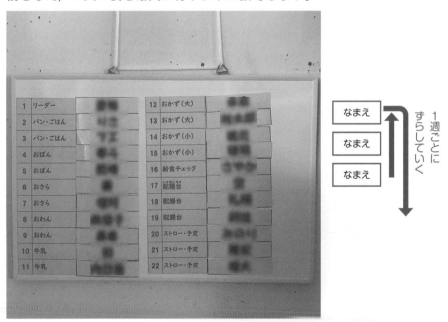

2　自分のことは自分でできるようにする

　給食当番には，牛乳やおかず，パン・ご飯など，様々な役割があり，役割によって配膳の仕方や片づけの内容が変わってきます。どの役割になっても，何をすべきか一人ひとりがきちんと理解し，できるようにならなければいけません。

　4月には給食当番の各仕事内容を確認し，必ず最後まで自分で行うように指導します。例えば，使ったおたまは自分で拭く，リーダーは配膳台に残飯が落ちていないか最後に確認するなど，「自分のことは自分で」を定着させることで，全員がどの役割もきちんとできるようになります。最初は時間がかかりますが，辛抱強く待ち，できたときに価値づけすると，次の意欲につながります。

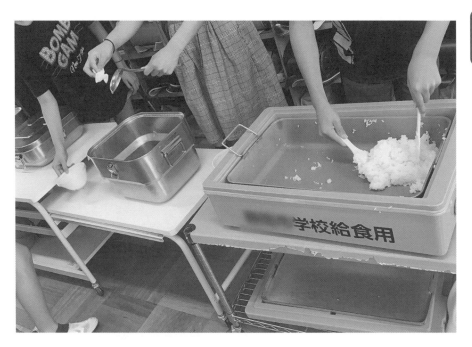

3 「残さず食べた」という達成感を重視する

　給食はどの子にも適切な量を残さず食べてほしいですが，2年生は発達段階の違いが大きく，食べる量にも差が出てきます。そのため，まずは「残さず食べた」という達成感を味わわせることが大切です。

　最初の配膳のときには，どの子にも献立表に記載されている適切な量を分けます。「いただきます」のあいさつの後，自分に合う量に調節していきます。「全メニューひと口は必ず食べる」というルールのもと，給食の量を調節し，どの子も時間内に食べられるようにします。食器が空になったことで「完食した」という自信がつき，「次はもう少し食べてみよう」という意欲につながっていきます。また，減らす作業は教師が行うことで，子どもの日々の食べる量を把握するようにします。

4 アレルギー対応は学級全体で行う

　給食のアレルギー対応は命に関わる重要な内容です。教師が子どもたちに声をかけて気をつけるのはもちろんですが，子どもたち自身にも「気をつけよう」という意識をもたせ，クラス全員がアレルギーについて理解することが必要です。

　そこで，いつの給食のどんなメニューがアレルギーの対象なのかがすぐにわかるよう，給食の献立表の該当のメニューにシールを貼り，蛍光ペンで印をつけます。こうすることで，子どもたちの目に常に入るようになり，クラス全員のアレルギーに対する意識が高まってきます。また，献立表に示しておくことで，補欠の教員が入る際にも，ひと目で把握することができます。

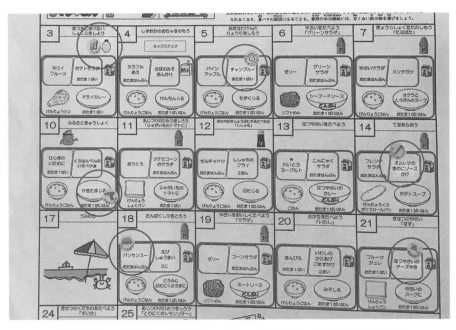

○の箇所は，目印のシールを貼り，メニューに蛍光ペンで印をつけています

（佐藤　舞花）

「掃除当番」のシステムづくり

1　掃除場所と掃除内容をセットで示す

　掃除当番表をつくる際には，子どもたち一人ひとりに掃除場所を「任せる」意識をもち，子どもたちにも「任せたよ」と力強く伝えましょう。

　任せるためには，掃除場所，掃除内容を明確にすることが大切です。「きょうしつ（ぞうきん）」のように，掃除場所と掃除内容がわかるよう表にまとめます。また，毎月清掃場所をローテーションしていくことで，３年生までにどの掃除場所もマスターできるようにします。任せた掃除場所で活躍している子どもをたくさん価値づけ，「自分がこの掃除場所をきれいにしたんだ」という自己有用感を育みましょう。

月	9月	10月	11月	12月
	トイレ	きょうしつ（ぞうきん）	ろうか（ほうき）	トイレ
	トイレ	きょうしつ（ぞうきん）	すいどう	ろうか（ぞうきん）
	ろうか（ぞうきん）	きょうしつ（ぞうきん）	すいどう	ろうか（ぞうきん）
	ろうか（ぞうきん）	きょうしつ（ぞうきん）	すいどう	ろうか（ぞうきん）
	ろうか（ぞうきん）	きょうしつ（ほうき）	くつばこ	ろうか（ほうき）
	ろうか（ほうき）	トイレ	きょうしつ（ぞうきん）	ろうか（ほうき）
	ろうか（ほうき）	トイレ	きょうしつ（ぞうきん）	すいどう
	すいどう	ろうか（ぞうきん）	きょうしつ（ぞうきん）	すいどう
	すいどう	ろうか（ぞうきん）	きょうしつ（ぞうきん）	すいどう
	すいどう	ろうか	きょうしつ	

2 開始・終了時刻を「見える化」する

　自分たちで時計を見て掃除の準備をして，時間いっぱい最後まで掃除をすることは，2年生の子どもたちにとって大変難しいことです。

　そこで，子どもたちが時間意識をもって掃除を始め，取り組めるように，時計に時間の目安となるシールを貼ります（下の写真の例では，掃除の開始・終了時刻と，給食の「いただきます」「ごちそうさま」の時刻を両方示しています）。

　こうすることによって，今何をすればよいのかが「見える化」され，子どもたちは見通しをもつことができます。

　慣れてくると，時計を見ながら「あと少しで掃除の時間だよ」「掃除が終わるまであと少しがんばろう」といった声が，子どもたちから聞こえてくるようになります。

3 よい行動を即時に，具体的に価値づける

　担任は掃除中のよい行動を価値づけ，伸ばし，まわりの子どもたちに広げることが必要です。そんな価値づけには，２つのポイントがあります。

①即時に

　よい行動をしている子どもがいたら，すぐにほめて価値づけをしましょう。後からほめられるよりも，その場ですぐにほめられる方が子どもたちにとっては響きます。すぐにほめて価値づけを行い，自己肯定感や自己有用感を育むことで，子どもはさらに掃除をがんばることができます。

②具体的に

　具体的に，よい行動を子どもたちに伝えましょう。掃除の仕方の「何が」「どのように」よかったのかを子どもたちに伝えることで，より効果的によい表れをまわりに広めることができます。

　月に一度「そうじをがんばった賞」を贈呈する機会を設け，全体の前で表彰して，具体的に価値づけをしてもよいでしょう。

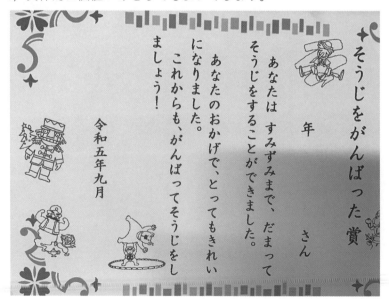

4 終わったらどうするのかを明確に決めておく

　自分の掃除場所が終わると，まだ掃除の時間が残っているにもかかわらず，フラフラと遊んでしまう子が出てきます。

　それを防ぐために，クラスで自分の掃除場所が終わったら何をするのかを明確に決めておくとよいでしょう。自分の掃除場所が終わっても，次の行動がはっきりしていれば，フラフラ遊んでしまう子を減らすことができます。

　自分の掃除場所が終わった後の行動としては具体的には以下のようなものがあります。

> ・教室掃除の手伝いをする。
> ・配達物を配る。
> ・ロッカーの中を整理する。
> ・机の中を整理する。
> ・全部終わったら，席にすわってみんなの終わりを待つ。

　もちろん，しっかりと実行できた子どもをほめて価値づけを行うことを忘れてはいけません。

（金丸　大佑）

「係活動」
のシステムづくり

1　仕事をしたことがひと目でわかるようにする

　係（当番）活動では，責任をもって活動を行い，クラスに貢献した証をだれにでも見える形を用意すると，モチベーションアップにつながります。

　下の例は，担当の仕事が終わったら，自分で札をひっくり返す当番表です。ひっくり返すと「できました」「おわり」などの文字が書かれているので，仕事をきちんと行ったことがひと目でわかります。

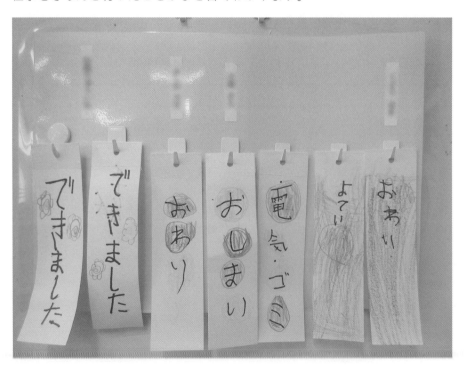

2 「会社」を設立する

　係の名称を「○○係」とするのではなく，「○○会社」とするのがおすすめです。

　不思議なもので，「会社」と名がついただけで，子どもたちは仕事に重みを感じ始めます。また，会社なので，必要に応じて社員を募集することもできます。

　係の仕事は，あくまでもクラスの代表として行っています。その係だけに任せきりにするのではなく，だれでもその仕事を手伝い，相談し合える環境をつくることも大切です。

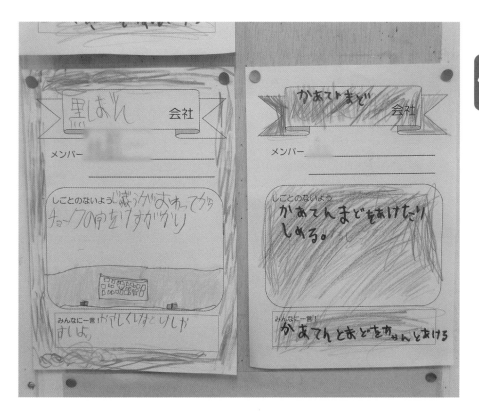

3 お知らせコーナーをつくる

　仕事に慣れると，子どもたちは仕事の質を高め始めます。「もっとクラスをよくするには…」と考え，協力を仰ぐために，朝の会や帰りの会でお知らせ（お願い）が多発します。中には，金曜日に伝え，月曜日に忘れられてしまう…ということもあります。

　そこで，子どもたちが自由にお知らせを書くことができる「お知らせコーナー」を用意します。「①会社名，②お知らせ内容，③いつまで掲示してほしいか」を記入した紙をこのコーナーに掲示し，期限がきたものは教師が廃棄します。朝の会や帰りの会のときに口頭で伝えるよりも，情報が残ってみんなにしっかり伝わるのでおすすめです。

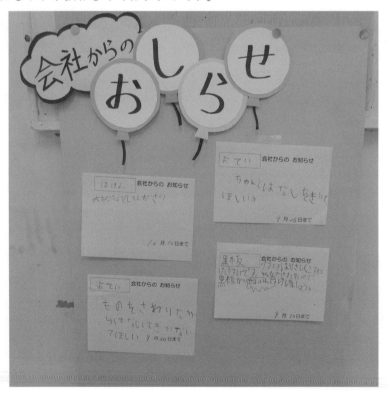

4 移行期間を用意する

　係活動は，学期ごとを区切りとしている学級も多いでしょう。しかし，2年生では，「やりたい」と思ってやってみたけど意外に大変だった，ということがしばしばあります。そのため，係分担が決まったところで仮決定とし，新学期のはじめに1週間移行（お試し）期間を設け，前に担当していたメンバーから新メンバーに仕事のレクチャーをしてもらいます。下の写真のような「連絡プリント」をつくり，行っている具体的な仕事を書いて伝えます。その際，仕事の内容を伝えるだけでなく，新しくできそうな仕事を模索する時間にもします。

（小澤　杏奈）

追ったり，追われたりを楽しもう！

じゃんけんダッシュ

🕐 時間　3分　　📝 準備物　なし

ねらい

じゃんけんの後，相手を追ったり，追われたりする活動を通して，相手と対戦することの楽しさを味わう。

1.ルールを理解する

今から「じゃんけんダッシュ」をします。2人組になります。体育館の真ん中の線を間にして，2人で向き合います。2人の距離は1メートルくらいです。自分たちのタイミングでじゃんけんをします。負けた人は壁まで逃げます。勝った人は相手を追いかけます。何度か繰り返してやっていきます。何か質問はありますか？

2.ゲームに取り組む

では，実際にやってみましょう。
他のペアとぶつからないように少し広がってください。

最初はグー，じゃんけん，ポン！

うわっ，負けたぁ。逃げろー！

3. 振り返りをする

 じゃんけんダッシュに取り組んでどうでしたか？

 じゃんけんの結果を見てから追うか，逃げるのかが決まるので，大変だったけど，ハラハラした。

 ぼくが間違えて，2人で逃げてしまったからなんだか変な感じで笑ってしまいました。
でも，とてもおもしろかったです！

＼ ポイント ／

　逃げるのか，追うのかがじゃんけんをしてから決まります。状況判断を素早くする必要があります。単に体を動かすだけでなく，この鬼ごっこのように状況判断が必要なものは，違ったおもしろさがあります。

風を感じて走ることを楽しもう！

しっぽ踏み鬼

時間	5分	準備物	●しっぽ（スズランテープ）

ねらい

しっぽをつけて鬼から逃げる活動を通して，走ることを楽しみながら体力を高める。

1. ルールを理解する

今から「しっぽ踏み鬼」をします。長いしっぽをつけて鬼ごっこをします。鬼は，逃げている人のしっぽを足で踏んで取ります。しっぽが取られた人は交代で鬼になります。しっぽの長さは大体身長の長さくらいにします。走るのが得意な人は少し長め，苦手な人は少し短めで構いません。

2. 練習をする

しっぽが用意できたら，お尻のところにつけて，少し走る練習をしてみてください。

走るとしっぽが上がって気持ちがいい！

速く走るとしっぽが流れるような感じでかっこいいなぁ。

3. 本番を行う

 鬼は2人です。鬼は自分のしっぽをポケットに入れておきましょう。捕まったら鬼は交代します。走るとしっぽが上がって捕まりにくくなります。速く走るほど捕まりにくいので，がんばって逃げてください。よーい，スタート！

 うわー，逃げろ！

速く走ればしっぽを踏みにくくなるから，がんばって走ろう。

 みんな走っているから，しっぽを踏むのが難しいなぁ…。

4
月

＼ ポイント ／

　走力によってしっぽの長さを調整することで，それぞれの子どもの楽しさが増します。

遊びながらお互いを知ろう！

自己紹介ウソホント

🕐 時間	10分	📝 準備物	なし

ねらい

　本当でないことを織り交ぜた自己紹介を通して，ゲーム感覚でお互いの理解を深める。

1. ルールを理解する

> 今から「自己紹介ウソホント」をします。自己紹介で4つのことを言ってもらうのですが，その中に1つウソを入れてください。例えばこんな感じです。「先生がこれまで取り組んできたスポーツは1サッカー，2カーリング，3トライアスロン，4水泳です」。この中にやったことのないものが1つあります。どれだと思いますか？1だと思う人？　2だと思う人？　3だと思う人？　4だと思う人？　正解は…，2のカーリングです。

2. ウソを1つ考える

> それでは少し時間を取るので，自己紹介を考えたいと思います。すぐにウソだとわかるようなものにならないように考えてください。

> ウソを考えるのは難しいなぁ…。

3. ゲームに取り組む

それでは，実際にやってみたいと思います。4人グループに分かれてやります。グループができたら，取り組む順番を決めてから始めてください。

私の自己紹介を始めます。私の家族は親の仕事の関係でよく引っ越しているのですが，1札幌，2博多，3沖縄，4ロンドンの中で，住んだことのない街はどれだと思いますか？　1だと思う人？　2だと思う人？　3だと思う人？　4だと思う人？
正解は…，2の博多です！

知らなかったなぁ。

ロンドンにも居たことがあるんだ！

> ＼ ポイント ／
>
> 学級の実態に応じて，問題を考える時間は十分に取ります。

遊びながら仲間意識を高めよう！
ジェスチャー伝言ゲーム

| 時間 | 10分 | 準備物 | ●お題を書いた紙 |

ねらい

少し難しい条件の中で伝言ゲームに取り組むことを通して，楽しみながら仲間意識を高める。

1.ルールを理解する

今から「ジェスチャー伝言ゲーム」をします。チーム対抗戦です。伝言ゲームなのですが，言葉は使わず，動きだけで伝えていきます。取り組むグループは前に出てきてやります。代表の人にお題の入っている袋から紙を1枚取ってもらいます。そこにお題が書いてあります。代表以外の人には見せません。代表の人から順にジェスチャーでお題を伝えていきます。最後の人は伝わってきたものを発表してもらいます。取り組むチーム以外の人はその場所でやっているものを見ていてください。何か質問はありますか？

2.ゲームに取り組む

そろそろ始めます。Aチーム，1番目にお願いします。

どんなお題なのかな…。

3. 振り返りをする

 ジェスチャー伝言ゲームに取り組みましたが，どうでしたか？

 話せないので難しかったです。

 見ていて，いろいろな仕草があっておもしろかった！

 自分がやっているときは，どうやったらわかりやすく伝えることができるのかをすごく考えてしまいました。

4月

＼ プラスα ／

　子どもたちが学級生活に慣れてきたら，全チームで一斉に行って，競争するやり方もあります。

071

みんなでハラハラドキドキを楽しもう！

爆弾ゲーム

🕐 時間	5分	✏️ 準備物	●ボール ●水風船

ねらい

　みんなで危険なあそびを一緒にすることを通して，ハラハラドキドキを楽しむとともに，クラスの一体感を高める。

1.ルールを理解する

今から「爆弾ゲーム」をします。みんなで1つの円になります。音楽に合わせて，爆弾（ボール）をまわします。音楽が止まったときに爆弾を持っていたら爆弾が爆発します。爆弾は3つでやりたいと思います。何か質問はありますか？

音楽が止まったときに2人の間に爆弾があったらどうしますか？

その場合は，じゃんけんで決めてください。

2.爆弾ゲームを行う

では，音楽スタート！

ドキドキするなぁ…。

> **うまくいくコツ**
> 爆弾は3〜5個程度あると待ち時間が減ります。

3.ルールを変えて取り組む

 みんな上手ですね。それでは，ここからが本番です。爆弾を本当に危険なものにします。今度の爆弾はボールでなく，水風船です。小さなゴム風船の中に水が入っているものです。慎重に渡さないと破裂して水浸しになってしまいます。素早く，慎重に隣の人に渡してください。

 うわー，本当に危険だ！

 わーっ，割れそうで怖い！

 そこまで！　終わります。みんながとても慎重だったので，水風船が割れずに済みましたね。よかったです！

\ ポイント /

水風船にすることで一気に緊張感が増します。水風船は，あまり水を入れていない状態にして，割れにくくしておきます。

073

4
April

2人で息を合わせて移動しよう！

瞬間移動

 時間	5分	 準備物	●新聞紙 ●テープ

ねらい

　仲間と息を合わせて動く活動を通して，楽しみながら信頼関係を築いていく。

1. ルールを理解する

今から「瞬間移動」をします。2人組になります。1人に1枚新聞紙を配ります。その新聞紙を細く丸めて，棒にします。2人で少し間を空けて向き合い，棒を指で押さえます。声かけをしながら，同時に移動し，相手の棒が倒れる前につかみます。はじめは1mくらいのあまり遠くない間隔から取り組みましょう。慣れてきたら少しずつ距離を広げていきます。

2. 棒をつくり，2人で取り組む

では，実際にやってみましょう。新聞紙で棒をつくってください。つくることができたペアから瞬間移動に取り組んでください。がんばってください！

よし，がんばるぞ！

3.人数を増やして取り組む

今度は人数を増やして取り組みたいと思います。4人組をつくります。四角形になり，動く方向を確認してから始めてください。2人のときと同じで間隔が離れるほど難しくなるので，はじめは近い間隔でやってみてください。

人数が増えると息を合わせるのが難しいなぁ…。

わ〜，思っていたより難しいけどおもしろい！

(鈴木　邦明)

\ ポイント /

新聞紙で棒をつくるのが難しい場合には，体育倉庫にある棒を利用する方法もあります。

5月の
学級経営の
ポイント

1 学習の基礎固めのために 生活と学習を結びつける

　大型連休が終わると本格的な学力定着に向けて授業をしていきましょう。教科書を進めることはもちろんですが，特に次の点を意識して指導します。

　漢字は1年生で80字，2年生では倍の160字を習います。新出漢字を教えるとともに，習った漢字の復習もミニテストを活用するなどして定着を図りましょう。

　漢字に気をとられて見逃しがちですが，カタカナや「てにをは」「。」「、」はきちんと使えているでしょうか。早い時期にチェックし，文章を書かせる際に個別の指導をしておきましょう。

　算数は，生活と関わりの深い単元があります。例えば「時計」では，時刻と時間について学習します。最近はアナログ時計がないおうちもあります。日常生活の中で長針と短針の位置を意識的に見るように働きかけます。

　「長さ」では，ものさしを使います。直線を引いたり，測る基準となる0に合わせたりすることは，けっこう大変な作業です。練習する機会を普段からつくっておきましょう。

2 家庭訪問に備え 学級の人間関係を把握する

　2年生になると交友関係が広がり，休み時間などは友だちとの集団あそびも増えていきます。1年生では，「ぼく，私」といった主語が，2年生になると「ぼくたち，私たち」といった主語で話しかけてくることが増えます。こうした友だち関係の広がりができるのが2年生です。

　この時期に一度，子どもたちの人間関係をチェックしておきましょう。例えば，次のようにします。バインダーに名簿（白紙でも可）をはさみ，休み時間に教室や校舎内の子どもを探して次のことを記録します。

①だれとだれが
②どこで
③何をしていたか

　学級全員の動向がわかれば十分です。座席や班を決める際にも役立ちます。

　また，家庭訪問では「○○さんは休み時間に○○さんとこんなことしていましたよ」と具体的に話すこともできます。

3 元気な声であいさつする習慣を身につけさせる

　友だちとの関わりが増え，元気なあいさつが教室にこだますることが増えます。一方で，なかなかあいさつの声が聞こえない子どももいます。

　あいさつ（挨拶）の「挨」には，「迫る・近づく・押し合う」という意味があります。「拶」にも，「迫る・近づく」という意味があります。つまり，あいさつすることで，人と人との関係が近づくことになります。

　①大きな声で，②先に，あいさつすることを合言葉にあいさつできる子どもにしていきましょう。そのためにもまずは，先生から出会った子どもにあいさつをしましょう。

4 行動範囲の広がりとともに交通安全に気をつける

　2年生になると，放課後に友だちと遊ぶ約束をするなど，家庭での行動範囲が広がります。大型連休で自転車の練習をして，1人で乗れるようになるのもこの時期です。

　警察庁交通局が調べたデータ（2014～2018年の統計）では，小学生の交通事故は5月が最も多く，1年生が1番，2年生が2番と，低学年がとても多いという結果が出ています。

　帰りの会などで，横断歩道の渡り方や飛び出しをしないことなど安全マナーや，自転車の乗り方について繰り返し話しましょう。

（広山　隆行）

GW 明けの
チェックポイント

生活面	□朝の支度が進まない
	□机，ロッカー等の道具のしまい方が雑
	□授業と休み時間の区別がつかない
	□整列するのが遅い
	□自分の出席番号を忘れている
	□給食の約束を忘れている
	□掃除の仕方を忘れている
学習面	□必要なものがそろっていない
	□45分間集中できない
	□姿勢よくすわれない
	□指示を聞いていない
	□鉛筆を持つのが億劫になっている
	□作業が雑になっている
	□やるべきことをやらない
対人面	□友だちと関わらない
	□あいさつができない
	□聞かれたことに答えない
	□困っているときに，困ったと言えない
	□話すときに目が合わない
	□休み時間に先生にばかり寄ってくる
	□休み時間にずっと1人で遊んでいる

1　生活面

　2年生に進級して1か月。小学校に上がってはじめて進級し，意欲的に取り組んできたものの，時間やルールにとらわれない1週間を過ごすと，再び始まる学校が億劫になり，意欲が減退している子が多数いることでしょう。

　GW明けは，焦らず，少しずつ学校モードに戻していくようにします。1か月間で身につけた，新しい学年での手順ややり方を，もう一度確認しながら生活をします。「せっかく1か月かけて指導したのに…」と思わず，4月当初の意欲を取り戻しましょう。

2　学習面

　自由な時間を過ごしてきた子どもにとって，45分の授業は長く感じられ，集中がもたない子が多数います。それが1日に5，6時間もあるのですから，相当な試練です。こういうときに無理に授業を進めようとすると，学習が嫌いになってしまうこともあります。

　学習が嫌いにならないように，楽しい活動を入れながら，あそびの延長であるかのように授業を組み込みましょう。45分間すわりっぱなしにならないように，身体を動かす活動を挟み，時間に余裕をもたせることが大事です。

3　対人面

　クラス替えがあった2年生は，新たな人間関係の中で1か月過ごしてきました。しかし，仲のよい友だちも少しずつできてきたところでGWを挟み，友だちとの関係を再構築していくことになります。

　学級レクやクラスあそびなどを行い，みんなで遊ぶ場をつくったり，グループで活動する場をつくったりして，学級集団を意識させることが大事です。

（藤木美智代）

春の運動会 指導ポイント＆ 活動アイデア

1 指導ポイント

☑ 基本的な集団行動を素早く行えるようにする

２列，４列などの整列の仕方，その場ですわることなどの基本的な動きをしっかりマスターしておく。

☑ みんなで動くときのルールを守れるようにする

みんなが動くときは時間を守ること，話を聞く雰囲気をつくることなど，体育の時間のみならず日常から意識して指導する。

☑ １年生からの成長が見せられるようにする

かわいさと元気さをアピールできるものにするとともに，簡単な隊形移動なども加え，１年生との違いを見せられるようにする。

☑ クラスの目標を決める

個人の目標から，みんなで成し遂げたい目標を設定することで，「仲間の中の自分」を意識して運動会練習に取り組めるようにする。

☑ 取組の記録を残す

生活科などとも連動して，学習カードや写真，動画などを１年間の成長記録として残していき，振り返りが行えるようにする。

2　活動アイデア

①ハンドサインでルールを決める

　開会式や閉会式，入場門での待機などの場面は，演技中よりも子どもたちの様子がよくわかります。こういった場面においても，１年生から成長した姿を見せたいものです。この運動会を機に，基本的な動きをマスターしておきましょう。

　学年や学校でハンドサインを決めておくと，全体の場面においても指示がしやすくなります。

> ・グー　　　　　…すわる　　　・パー　　　　　…立つ
> ・パーから手を横…休め　　　　・チョキ（２本指）…２列縦隊
> ・４本指　　　　…４列縦隊

　ここで動きをしっかり身につけておくと，体育授業のみならず，町探検や音楽会など，この先様々な場面で大いに活用することができます。

②2年生らしい演技構成，種目を選択する

　2年生の団体演技は，選択が難しいと言われます。もちろん，低学年らしくかわいさと元気さをアピールできるものを考えるのですが，1年生のときのように，かわいかったら無条件でOKというわけにはいきません。少し成長した姿を見せられる内容，構成にする必要があるからです。2人組の動きや簡単な隊形移動を入れた構成にしましょう。

　団体競技では，1年生との違いをつけるために，仲間と協力して行う必要がある種目がおすすめです。2，3人で行えるものがよいでしょう。例えば，以下のような競技です。

> ・ボール運びリレー（2本の棒にボールを乗せて走る）
> ・荷物運びリレー（板の上に段ボールを乗せて走る）
> ・キャタピラリレー（輪になった段ボールの中で四つん這いで進む）
> ・じゅうたんリレー（1人が段ボールに乗り，残りの2人が段ボールを引っ張る）

　団体演技，団体競技ともに，選択の時点で，「昨年度からの成長」という観点をもっておくことが大切です。

③動画で記録を残す

　運動会に向けての取組は多くの時間を費やします。やりっぱなしになってしまってはあまりにもったいないです。本番のみならず，練習のときから記録を残していきましょう。

　生活科の学習において，自分ができるようになったことなどの成長を振り返る学習が２年生の最後にあります。この学習とも連動させて，成長の記録を残していくことで，１年間の成長記録につなげていくこともできるでしょう。紙ベースの記録もよいですが，動画で記録を残すと，場所も取らずバリエーションも広がります。以下は動画の例です。

> ・練習で工夫したことや今日の練習の振り返り
> ・演技を何度かに分けて撮影したもの
> ・おうちの方に本番の見どころを伝えるメッセージ
> ・この運動会にかける一人ひとりの意気込み

　３年生を前に，あるいは卒業間際に「あのときこんなことがんばっていたな」と振り返ることを想像するとわくわくしますね。

（垣内　幸人）

遠足
指導のポイント

1　子どもたちに遠足のイメージをもたせる

　2年生の子どもたちの中には，行ったことのない場所へ行くことに不安や戸惑いをもつ子がいます。どの子も安心して遠足に行くことができるようにしてあげたいものです。そのために，教師の下見のときに様々な場所や場面の写真を撮ります。

・楽しそうな遊び場（「ここで撮影したらおもしろそう！」という場所）
・遠足と同じ活動をしている場面
・危険な場所（細い道，車通りの多い道，暗い場所など）

　子どもたちには，遠足のスケジュール順に写真を見せながら説明をしていきます。言葉だけでなく，写真つきで説明をすることで，子どもたちは話をさらにじっくり聴いてくれます。写真から楽しさや危険な場所も感じることができ，不安な思いをもってる子たちを，

少しでも「楽しそう！」と前向きな気持ちに導いてあげることができます。

2　あいさつ・思いやりの行動を促す

　遠足で公園に行ったとします。公園で約100人の団体が一斉に遊び始めます。しかし，公園には一般の方たちもいます。「静かに座っていたいなぁ」

「親子でゆっくりしたいのになぁ」と思っている方もいます。そんなときでも，子どもから自ら進んで「おはようございます」「こんにちは」と元気にあいさつをされると，だれでもほっこりした気持ちになり，お互いが気持ちよく過ごすことができます。

　また，「いつも遊んでいる公園なのに，今日は小学生の子たちがいっぱいいるなぁ。帰ろう」と思われないように，公共の遊具を使うときには，譲り合うこと，困っている人がいたら助けることなどを事前に伝えておくことで，お互いが楽しくのびのびと遊ぶことができます。

3　生活科の学習につなげる

　2年生では生活科で町探検の単元があります。全体で学校外に出るのは，とても貴重な時間です。遠足の中で，「このマークは何を意味しているのかな？」「ここにはこんなお店が多いね。自分たちの町ではどうだろう？」「子ども連れが結構多いね！」と子どもたちに問いかけながら意識させるだけでも，かなり生活科の学習につながります。教師は気になる建物やもの，標識などを写真に残しておくと，授業で生かすことができます。

（堀内　成美）

顔の表情に合う
お話を考えよう！

1 授業の課題

　右の顔を使って，自分で
お話を考えましょう。

2 授業のねらい

　顔の表情を基に話を考えながら，はじめ・なか・おわりで話を友だちと考えることができるようになる。

3 授業展開

①問題を2人1組で考える

　3つの枠を黒板にかき，顔を枠の下にかきます。

　「だい」に「えんそく」と書き，はじめ・なか・おわりの話を考えていくことを伝えます。最初は全員で「はじめ」と「なか」を考えていくとよいでしょう。

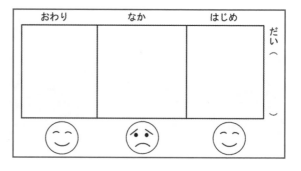

T　題は「遠足」です。「はじめ」はニコニコ笑顔だね。どんなお話にしますか。

C　遠足がとっても楽しみで出発しました。

T　いいですね。おや、「なか」は泣いていますね。何があったのでしょう。お友だちと話してみましょう。

C　お弁当がカラスに食べられてしまった。

T　大変ですね。でも、「おわり」では、またニコニコ笑顔です。
　　今度は何があったのでしょう。考えてみましょう。

C　クラスのみんなからおかずをもらった！

T　いいですね。たくさんもらったんだね。他にあるかな。

C　カラスが恩返しにもっとすごいお弁当を持って来た！

T　なるほど。それはおもしろいね！

② 他の題でお話を考える

　同じ枠を使って、題名だけ変えてお話を考えさせます。顔も同じ方がみんな取り組みやすいでしょう。考えたものを友だちと交流させます。

T　次のお題は、「公園」です。「はじめ」は笑顔で、「なか」で泣いて、「おわり」はまたニコニコになるようなお話を考えてみましょう。

C　すべり台で遊んでいたら、友だちとけんかになったけど、謝って仲良くなりました。

T　グループで話して、一番おもしろいものを紹介しましょう。

③ 違う顔で考える

　慣れてきたら、「無人島」という題で、「はじめ」で悲しんでいて、「なか」でびっくりして、「おわり」で笑顔になるなど、顔のパターンを変えながらお話を考えて友だちと交流させていきましょう。

（比江嶋　哲）

一番小さい答えをつくろう！

1 授業の課題

> 1 2 3 4 の数カードが1枚ずつあります。
> □の中に数カードを入れて，一番小さい答えを
> つくりましょう。
>
> □ □
> － □ □

2 授業のねらい

　最小解を見つけるために試行錯誤する過程で計算の習熟を図り，最小解になる式にするためのカードの入れ方のきまりを見いだす。

3 授業展開

①一番小さい答えを見つける

　まずは自分で一番小さい答えを求めるために試行錯誤します。その際に，教師は机間巡視を行い，子どもたちの答えを把握します。全体で共有をする際には，答えを取り上げる順番に気をつけます。

T　みんなのノートを見ていると，11という答えが多いよね。
　　11という答えをつくった人の気持がわかるかな？
C　十の位，一の位の違いを最も小さい1にしたんじゃないかな。

T　なるほど，完璧な理由だね！　では，11が一番小さい答えだね。

C　えっ，まだ小さい答えがあるよ！

T　じゃあ，いきなり式を言うとおもしろくないから，ヒントが言える？

C　ヒントは，繰り下がり。

C　あっ，繰り下がりをつくれば11より小さいものがつくれる。
　　（もう一度各自調べる時間を確保する）

C　答えが9になる式が見つかったよ。答えが1桁になった！

C　私は7（31−24）になったよ。

C　7より小さい人はいなさそうだね。

②一番小さい答えになる場合のカードの入れ方を検討する

　カードの数を変えて，再び試行錯誤します。先ほどの 1 ～ 4 で考えた
ことを基に素早く答えを見いだす子が出てくるので，カードの入れ方のコツ
を尋ねます。

T　まだ時間があるね。次はどんな問題にしようか？

C　数カードを 2 3 4 5 にしてみる。

T　カードの数を変えてみるってことだね。では，やってみよう。

C　あれっ，また7だ。

T　どうやってそんなに早くわかったの？

C　前の問題を見て。一番小さい数をひかれる数の
　　一の位，一番大きい数をひく数の一の位，つま
　　り一の位の違いを大きくするといいよ。

C　残りの2枚は十の位に置くことになる。

T　他のカードでもできる？

C　おもしろい！　 3 4 5 6 でも7になったよ。

C　いつでも7になるのかな？　他のカードでもやってみたい！

一番
小さい数

$\begin{array}{r} 4\;2 \\ -\;3\;5 \\ \hline \end{array}$

一番
大きい数

（前田　健太）

どうすれば連続で跳べるかな？

1 授業の課題

> 長縄で「郵便屋さんの落とし物」をやります。どうすれば連続で跳ぶことができるでしょう。

2 授業のねらい

長縄跳びで連続して跳ぶことができるようになるとともに，跳びやすいように長縄をまわすことができるようになる。

3 授業展開

①練習を行い，活動の目的を確認する

長縄跳びで「郵便屋さんの落とし物」をします。4人程度のグループで行います。知っている子も多いと思いますが，一度演示をします。また，跳ぶことも大切ですが，それよりも縄を上手にまわすことの方が重要であることを伝えます。

T　今から「郵便屋さんの落とし物」をします。皆さん，やったことありま

すか？

C　知ってる！　やったことあるよ。

T　試しにやってみましょう！

C　ゆうびんやさーんのおとしもの！　ひろーってあげましょ。いちまい，
　　にーまい…。

T　うまくやるには，跳ぶことも大切だけど，縄のまわし方も重要になって
　　きそうだね。どうやったら相手が跳びやすいか考えながらやってみまし
　　ょう。

C　はーい！

②グループで活動する

　教師は各グループをまわり，活動を価値づけていきます。また，跳び方や
縄のまわし方をアドバイスしたり，コツを共有したりします。

T　縄をまわすのがうまいね！　何かコツはあるのかな？

C　大きくまわすといいよ！

C　友だちと息を合わせるのも大事だよ！

③保護者と一緒に活動する

　ある程度活動が進んだら，保護者の方にも活動に参加してもらいましょう。
縄をまわしてもらってもよいですし，跳んでもらってもよいでしょう。授業
参観という特別な日に，我が子と一緒に活動できることは保護者にとっても
幸せなことのはずです。

T　では，おうちの方にも入ってもらいましょう！　まわしてもらってもい
　　いし，跳んでもらってもいいですよ！

C　やったー！　早く来てー！

（田村　直）

6月の学級経営のポイント

1 主体的・対話的で深い学びを意識した授業に力を入れる

2年生の生活も落ち着く6月は，授業に力を入れていきましょう。具体的には，話し合いのある学習です。討論のある授業といってもいいかもしれません。授業の中で，子どもたちが何か1つに決めていく学習です。

例えば，国語であれば「えっちゃんは，ずっと自分のぼうしだと思っていたのかな？」（東京書籍二上「名前を見てちょうだい」）のように選択できる発問で話し合わせます。まずは，AかBか，Aか非Aか，○か×か，①②③のどれか，などの立場を決めさせます。理由が書ける子どもには理由を書かせます。この時期までに，自分の考えを全員がノートに書くことができるかどうか確認しておきましょう。書けない子どもにはまずは立場をはっきりさせるところから始めます。

「主体的・対話的で深い学び」と呼ばれるような1時間の授業に力を入れることで，子ども同士の人間関係も深まり，授業を通した学級経営を行うことができます。

この時期の話し合いの経験が，2学期以降の学校行事の成功につながります。

2 自己主張が始まる時期のけんかに適切に対処する

6月になると，仲のよい友だちができ始めます。このころになると，あそびの中で自己主張も始まり，友だち同士のトラブルやけんかが起こりやすくなります。この対処を間違えると，「魔の6月」と呼ばれるように，学級全体が落ち着かなくなります。けんかの仲裁のコツは，お互いの話を聞くことです。

大きな流れは次のような感じです。

① 「何があったのか教えてちょうだい」

このとき，必ず1人ずつ話を聞きます。途中で相手が口を挟もうとしても「今は○○さんの番ね」と最後まで話をさせます。

② 「今，Aさんから話を聞いたんだけど，合っていますか？」

お互いの言い分が合っているか確認します。

③ 「今，お互いの話を聞いたけど，どっちも悪いところがあるような気がするなぁ。何かわかるかな？」

けんか両成敗。いけない点を確認します。

④ 「お互い悪いところがあったね。では，これでいいですか？　はい，おしまい」

握手などをしてすっきり終わります。

3 「なぜ？」「どうして？」など
生活の好奇心から学習につなげる

　子どもの世界が外に向かうにつれ「なぜだろう？」「どうしてだろう？」という疑問をつぶやくようになります。こうしたつぶやきを生活科や休み時間などの話題にしてみましょう。必ずしも正しい答えでなくても構いません。日常のふとした疑問を見つけていくことが、３年生の理科や社会の学習につながっていきます。

　また、生き物・昆虫や植物が豊かになってくる時期です。苦手な先生もいるかもしれませんが、可能な範囲で教室で飼ってみることも貴重な経験となります。

4 梅雨時期の校舎内の
危険に気づかせる

　梅雨の時期になります。校舎内での過ごし方に気をつけます。外で遊ぶことが難しくなると、どうしてもエネルギーがたまってきます。

　特に、危険なのが廊下です。教室から廊下に出た瞬間や廊下の曲がり角でぶつかって、保健室に行くことも多くなります。

　大けがになる前に「廊下を歩く」という指導と、走っている子どもを車に見立てて、「最近の廊下は車が走っているからね。とび出しには気をつけましょう」と校舎内の過ごし方について話します。

（広山　隆行）

6月

「魔の6月」の
チェックポイント

生活面	□表情が暗い □声が小さく，元気がない □具合が悪いことを言えない □食べる量が減っている □行動が遅い □言われないと動かない □教室の床でゴロゴロしている
学習面	□45分間集中できない □宿題を忘れがち □ノートを書くのが億劫そう □やるべきことが時間内にできない □切り替えが素早くできない □授業中ぼーっとしている □席を離れ，立ち歩く
対人面	□けんかやトラブルが目立つ □言いつけが多い □手や足が出る □陰湿ないじめがある □いやな言葉が飛び交っている □ルールを守って遊べない □1人でぽつんとしている

1　生活面

　からっと晴れた日がないと，気持ちも沈みがちで，テンションが下がります。蒸し暑さから体調を崩したり，熱中症になったりする子も出てくるでしょう。運動不足や暑さのせいで，食欲がなくなることもあります。

　まずは担任の先生が努めて明るく元気にしていましょう。笑顔で話したり，おもしろいことを言ったりして場を盛り上げます。表情や体調に気を配り，原因を見つけたり，寄り添って話を聞いたりすることも大事です。「早寝早起き朝ごはん」など，体調管理を家庭に奨励することも大切です。

2　学習面

　冷房があったとしても，梅雨時の蒸し暑い中で学習をするのがしんどい子はたくさんいます。新学期から2か月経ったので慣れやダレが出てくる時期でもあります。雨で体育ができないと体力を持て余し，集中力も低下します。

　無理に根を詰め過ぎず，余裕をもって授業を進めるようにしましょう。45分の中に，飽きないようにいろいろな学習活動を盛り込み，テンポよくリズミカルに授業を展開するようにします。多少の息抜きも必要です。

3　対人面

　雨の日が続き，外でなかなか遊べない日が続くと，教室でのけんかやトラブルが増えてきます。静かに過ごせない子は，室内で走りまわったり，不用意な動きをしたりして，けがにつながることもあります。

　室内で，楽しく過ごせるように，クラスのみんなで室内ゲームを行ったり，読み聞かせをしたりするなど，けんかやトラブル，けがを防ぐことが大切です。担任は一緒に遊ばなくとも教室で子どもたちを見守ることが必要です。

（藤木美智代）

6月

決められた道を駆使して逃げ切ろう！

LINE de 逃走中

 時間 **5分**　　 準備物　●紅白帽

ねらい

体育館のライン上を逃げたり，追いかけたりする鬼ごっこを通して，運動量を確保し，楽しむ。

1. ルールを理解する

今から「LINE de 逃走中」をします。逃げる人は白帽子，ハンターは赤帽子をかぶります。使っていい道は，体育館に引かれている色つきのラインだけです。ハンターにタッチされたり，ラインから落ちたりしたらアウトです。アウトになった人は，ステージの上に移動しましょう。

2. 練習を兼ねて1～2分でやってみる

では，実際にやってみましょう。まずは練習です。短い時間でやるので，逃げる方も追いかける方も動きに慣れてください。

よし，全員捕まえてやるぞ！

うまくいくコツ
ハンターの人数を少なくすると，長く活動できます。

絶対に，逃げ切るぞ。

道が細いから，スピードが上げづらい〜！

3. 本番を行う

 では，ここからが本番です。時間を長くして5分間でやってみます。
お互いにがんばりましょう。それではいきます！
3，2，1，スタート！

 よし，捕まえるぞ！

 絶対に逃げてやる！

 （5分たったら）今度はハンターを変えて，やってみましょう！

＼ プラスα ／

増え鬼のように捕まった子をハンターにしたり，氷鬼のように捕まった子がその場にとどまり，逃げている子にタッチしてもらえたら再度逃げられるようにしたりすると，盛り上がります。

雨の日は頭の中で汗をかこう！

しりとりピラミッド

 時間　10分　 準備物　●ワークシート

 ねらい

　マス目に合わせてしりとりピラミッドを完成させていく活動を通して，頭を活性化し，友だちと協力することのよさを味わう。

1.ルールを理解する

今から「しりとりピラミッド」をします。2人組で順番を決め，しりとりをします。ただしりとりをするのではありません。ワークシートは，1段ごとに1文字分ずつマスが増えています。最後の段までしりとりができたら，ピラミッドが完成します。できるだけ，短い時間でピラミッドが完成できるようにペアで協力しましょう。

2.小さいピラミッドで練習する

では，実際にやってみましょう。
まずは練習として，6段のピラミッドでやってみます。

楽しそうだな！

なんか難しそうだけどがんばってみよう。

3. 本番を行う

 では，ここからが本番です。今度は大きいピラミッド（10段）です。文字数が多くなって難しくなりますから，がんばりましょう。それでは始めます。スタート！

 最初は簡単だね！

 本当だ，だんだん難しくなる〜。

10文字のものが思い浮かばない〜。

6
月

＼ プラスα ／

　様々な段数のピラミッドのプリントを用意しておくと全員が楽しめます。また，難易度を上げるために，ピラミッド型ではなくダイヤモンド型をつくっておくと，子どもがさらに熱中します。

6
June

自分たちの島をじゃんけんで守ろう！

島を守りまSHOW

| 時間 | 15分 | 準備物 | ●Ａ４判用紙（人数分）
●セロハンテープ |

ねらい

　自分たちで島をつくりじゃんけんでそれを守る活動を通して，友だちと協力することの楽しさや喜びを味わう。

1.ルールを理解する

今から「島を守りまSHOW」をします。１人１枚のプリントを配りますから，友だちにまわしてください。
（全員の手に渡ったのを確認して）８人ずつの４チームに分かれます。チームが決まったら，みんなで話し合って紙をくっつけ，島をつくってください。

どんな島にしようか。

> **うまくいくコツ**
> 相談タイムをできるだけ
> 長く取るようにします。

できるだけ大きい島にしようよ。

では，この島にチーム全員が乗ります。それぞれのチームの代表者がじゃんけんをします。負けてしまったチームは島から１枚をはがします。これを繰り返して，島の上の人が最後まで落ちなかったチームが勝ちです。

2.ゲームを行う

 では，実際にやってみましょう。じゃんけんする順番を決めてください。では，1番手の人，じゃんけんをしましょう！

 絶対に負けないぞ！

 こっちだって負けないぞ！

 じゃんけんをしない人は，先生と一緒に声を出して盛り上げてね。いくよ〜。せーの，じゃんけん，ポン！

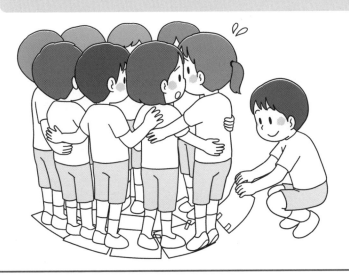

6月

＼ ポイント ／

　島をつくるときの話し合いを通してチームの連帯感が生まれ，ゲームの盛り上がりにつながります。

簡単なゲームで盛り上がろう！

ピヨピヨ・キャッチ

| 時間 | 5分 | 準備物 | なし |

ねらい

教師の言葉で指をキャッチしたり，逃げたりする活動を通して，手と頭を活性化する。

1. ルールを理解する

> 今から「ピヨピヨ・キャッチ」をします。まず，2人組をつくってください。お互いに向き合い，左手は指1本，右手は輪をつくってください。先生が「ピヨピヨピヨ…」と言います。その間は相手がつくった輪の中に，右手の指を入れたり，出したりしてください。先生が突然「キャッチ！」と言います。その言葉を聞いたら，輪にしていた手で相手の指をキャッチしてください。また，出し入れしている指を，相手につかまらないように抜いてください。右手は指をつかまえられたら1ポイント，左手は逃げられたら1ポイントです。相手よりも多くのポイントを取れた方が勝ちです。

2. 練習を兼ねて2, 3回行う

> 実際にやってみましょう。ピヨピヨピヨ…，キャッチ！

やった，つかまえた！

 あー，つかまえられちゃった。次はつかまらないぞ！

3. フェイントを入れて盛り上げながら本番を行う

 では，ここからが本番です。相手に負けないようにがんばりましょう。いきます，ピヨピヨピヨ…，キャット！

 あっ，間違えた！

 よく聞いてくださいね〜。では，いきますよ。ピヨピヨピヨ…，キャッチ！

（久下　亘）

```
＼ ポイント ／
　子どもたちが慣れるまではフェイントなしにして，慣れてきたらフェ
イントを入れるのがよいでしょう。
```

7月の
学級経営の
ポイント

1 夏休み前に向け
基礎学力をチェックしておく

　いよいよ1学期が終わります。学級経営の基本は授業です。授業が落ち着いてできていると、学級も落ち着くものです。そこで基礎的な学力がきちんと身についているかどうか点検しておきましょう。この段階でわからないことを残しておくと、夏休みに自分の力で宿題に取り組むことができません。

　算数は「ひき算」ができているかどうか確認します。まずは「12－3」などの差が1桁になる計算がパッとできるかどうかです。もう1つは、「45－26」などのひき算の筆算です。手順や位取りがきちんとできているか確認しましょう。九九の印象が強い2年生ですが、この後、繰り下がりが2回ある筆算の学習もあります。九九の前に、筆算をしっかり定着させておきましょう。

　漢字の学習は、とめ、はね、はらいを意識して書いているかどうか、確かめましょう。書く力は、夏休み中の宿題と大きく関わってきます。鉛筆の持ち方や筆圧についても子どもに指導するとともに、学級だよりなどで保護者に伝えておきましょう。

2 話し言葉から
書き言葉の世界へ導く

　そろそろ授業中の話し方を意識してみましょう。休み時間と授業中も同じような話し方だったのを、「ぼくは～と思います。わけは…」といった話し方にします。授業は公の場、休み時間は私的な場と少しずつ分けていきます。ただし、話し方を型にはめようとすると、子どもが発言しにくくなることがあります。形式的にならないように移行しましょう。

　また、作文や日記も「せんせい、あのね…」と先生に語りかけるように書いていたものが、「きょう、わたしは…をしました」と書き言葉の世界に導いていきましょう。まずは、2～3行書く程度から始めても十分です。

　これらは、子どもの発達段階と大きく関わるので、学級全員ができるように求めるよりも、「話せる人はこんなふうに話してみようね」「書ける人はこんな感じで書いてみようね」と見本を示し、できる子どもを増やすようにしていくと無理がありません。

　夏休みの宿題に作文や日記を出すのであれば、書き言葉を意識して書けるように指導しておきましょう。

3 夏休み前からお手伝いを 始めるよう促す

夏休みは，子どもも家庭の一員として過ごします。宿題として「お手伝い」を意図的に課すこともあるでしょう。ただ，夏休みに入ったからといって，すぐにお手伝いをするとは限りません。

そこで，夏休み前の7月から，おうちでなんらかの手伝いをするように声をかけておきます。具体的に生活科の学習などで，どんなお手伝いをするのかを決め，おうちの方にチェックしてもらってもよいでしょう。

おうちでの手伝う経験が，学級のために働くことにつながり，だれかが困ったときに手伝ってあげようとする習慣が生まれます。

4 熱中症予防と授業中の 集中力を続かせる工夫をする

最近の夏は暑いです。熱中症の予防をしなくてはいけません。外で遊ぶときはぼうしをかぶったり，水筒を用意したりと学校に応じた対策をしましょう。

暑いときは，教室での学習にも身が入りにくくなります。45分という授業時間では集中力が続かないこともあります。15分×3や20分×2などのユニットで授業を構成する工夫も必要です。

授業の途中で「伸びをしてみよう！」と手を上に伸ばしたり柔軟運動をちょっとしてみたりといった工夫をしてもよいでしょう。

（広山　隆行）

1学期の振り返り

1　学級づくり

　2年生の1学期の大きな目標は，「学級が子どもたちにとっての安心できる居場所となること」です。子どもたちは幼児期や1年生で様々な力を身につけて進級していますが，学んだことや自分らしさを発揮できるかは環境によって異なります。2年生になってクラス替えを行ったり，新担任になったりすることも多いでしょう。だからこそ，1学期は担任との縦のつながり，そして友だちとの横のつながりを大切にしながら生活するのが大切です。

　そういった安心できる学級になっているかを軸としながら，基本的な生活習慣が身についているか，集団で学ぶうえでの力が育まれているか，次のような視点で1学期を振り返ってみましょう。

□学級の子どもたちが保健室や職員室などの場所を把握しているか。
□全員が朝や帰りの支度を4分以内で終えられているか。
□お道具箱やロッカーの中の自分の持ち物を整理，管理できているか。
　（紛失したら担任に申し出る。使い終えたら持って帰る，など）
□困ったことがあれば，担任にSOSが出せているか。
□全員が体育服や白衣への着替えを4分以内で終えられるか。
□場や状況に応じた丁寧な言葉づかいができるか。
□教室に落ちているものを進んで拾う子がいるか。
　（ごみだったら捨てる，落とし物だったら持ち主を探す）
□教師は子どもたちが休み時間にだれと遊んでいるか把握しているか。

2 授業づくり

　2年生で最も大事にすべきは，子どもたちが「やってみたい！」と目を輝かせるような授業です。心のドキドキワクワクに突き動かされ，試行錯誤が始まり，その中で考え，結果として様々なことに気づき，できることが増えていくからです。そして，それは幼児期，1年生と積み上げてきた学び方でもあります。また，そういったドキドキワクワクを大切にし，遊ぶように学ぶためには，集団で学ぶための「ルール（約束事）」や，一人ひとりが集中して学びを積み重ねたりするための「型」が必要になってきます。

　以上の点を踏まえて，次のような視点で1学期を振り返ってみましょう。

□子どもたちの目が学ぶ喜びで輝いているか。
□教師が指示してから3秒以内に子どもたちが行動に移しているか。
□全員がひらがな（カタカナと既習の漢字）の読み書きができるか。
□全員が助詞「は・を・へ」を書き分けたり，濁音・拗音・促音を正しく書いたりすることができるか。
□全員が教師や友だちの話を聴き，反応しているか。
□全員が音読をスラスラ，ハキハキ，正しくできるか。
□全員が丁寧に書くことの大切さや心地よさを実感しているか。
□全体で話し合うときに相手を意識した言葉が使えているか。
　（あの〜，〜とつながって，〜と同じで，〜でしょ　など）

（安藤　浩太）

 # 保護者面談
のポイント

1　事前準備に力を入れる

①机のレイアウトを整える

　レイアウト1つで面談の雰囲気が変わります。基本的に下のように保護者と教師が斜めの場所にすわる形がおすすめです。正面で向き合わないので身体的な距離を保ちつつも心理的な距離は遠くならず，緊張感が和らいだよい雰囲気で行うことができます。

Ⅱ字型で斜めにすわる形

L字型で斜めにすわる形

②時計を置く

　互いに時間を調整したうえで面談を実施しています。会社を抜け出して来校している保護者もいらっしゃいますから，時間は絶対に守ります。遅れれば次の保護者や同僚に迷惑がかかり，多方面からの信頼が損なわれます。信頼を得るはずの面談でそのようになっては本末転倒です。時計を保護者にも見えるところに配置し，両者が時間を意識できるようにします。

③情報を整理する

　保護者が知りたいことは，「学力・授業の様子」「友人関係・休み時間の様

子」「我が子のよさ・課題」の３つです。普段からこの３つについてメモし，情報が足りなければ早めに子どもをよく観察したり，振り返りのアンケートを行ったりして把握しましょう。成績表の他に，子どもが活動している写真も用意します。百聞は一見にしかず。イメージしやすく説得力が増します。

2　保護者の関心に応じて面談の重点を変える

　面談は，①家での様子，②学力や授業の様子，③友だち関係・休み時間の様子，④その他（学校へのお願いなど）の流れで行います。保護者の話を聞くことを大切にして，教師は保護者が一番聞きたいことを中心に話します。２年生は特にはじめてクラス替えや担任の変更等があり，不安に思う保護者もいらっしゃいます。子どもも保護者も１年生のときの先生を基準に物事を考えている場合が多いので，担任が変わっても学校や学年全体で教育にあたっていることを伝えます。できることなら，前の担任に保護者の話を聞いておくと，なお安心です。九九などの学習ではおうちでも取り組むことが大切になってきますから，家庭学習への協力をお願いすることも重要です。

3　課題とよさは１：５で伝える

　学級全体ではなく，その子ならではの内容を伝えます。何のときに何をしていてどうだったのかを丁寧に話すことで，保護者は「しっかり見てくれている」と安心感を抱くことができます。また，課題を伝えるときには，その子のよさを５つは伝えてからにします。課題ばかり言われてもよい気分にはなれません。大切な我が子のことです。よさを５つ伝えられ，ようやく１つの課題を受け入れられるものです。もちろん，課題を伝えた後は，その対応策もセットで伝えていきます。帰りに「来てよかった」「明日も安心して学校に通わせよう」と前向きに思ってもらえる面談を目指しましょう。

（日野　勝）

１学期の通知表文例

●休み時間に元気よく外で遊んでいる子ども

> 　休み時間には，仲のよい友だちとサッカーをして遊ぶことが多いです。よく体を動かし，息を切らしながら教室に帰ってくる姿は，とても活力にあふれています。

健康的に過ごせているので，そのよさを価値づけて伝えます。

●発言が多いものの，伝わりにくさがある子ども

> 　発言が多く，授業を盛り上げています。発言内容を整理して順序立てて話せるようになると，さらに伝わりやすい発表になります。

発表が多いというよい点をほめ，よりよい発表にするためにはどうしたらよいかを伝えます。

●理解力は高いものの，発言が少ない子ども

> 　ノートには，いつも自分の考えがしっかりと書かれています。〇〇さんの考えはすばらしいので，自信をもって発表すれば，さらに学びが深まるはずです。

理解しているのに，自信がなくて発表できない子どもは，書いていることをほめて発表を促します。

●体操係をがんばった子ども

> 体操係としてみんなの前に立って準備体操をしました。最初は緊張している様子でしたが，今ではみんなに聞こえる大きなかけ声で，元気よく体操することができるようになりました。

１学期の間に１つの仕事に継続して取り組むと，どのような成長があったのかをわかりやすく伝えられます。

●粘り強く学習できる子ども

> 落ち着いて学習に取り組み，与えられた課題に対しては，丁寧にやりとげることができています。何事にも粘り強く取り組んだことは，確実に○○さんの力になっています。

じっくりと学習に向かう姿勢は，学年が上がっても大切にしたいものです。ゆっくりでも，やりとげることがすばらしいということを伝えます。

●給食で好き嫌いが多い子ども

> 給食では「苦手なものも少しでも食べよう」という目標をもって食べています。食べられる量を増やそうという努力で結果が表れているので，○○さんの自信となっています。

給食で好き嫌いの多い子どもは，家庭訪問等で保護者と認識を共有しておく方がよいでしょう。「何をどれくらい，どのように食べるのか」を相談しておくと，その目標に対してどれだけ近づいたかという視点で所見が書きやすくなります。

●元気にあいさつができる子ども

> 　毎朝，〇〇さんの「おはようございます！」という元気な声が教室に響きます。気持ちのよいあいさつは，みんなのお手本となっています。

　元気にあいさつができる子どもは書きやすいですが，「行動の記録」と一致していることが大切です。

●よく読書をしている子ども

> 　少しでも時間があると，学級文庫から本を持っていって読んでいます。短時間でも集中して読めており，その読書量には感心しています。読書で新しく知ったことをいつもうれしそうに教えてくれます。

　すきまの時間でも読書に向かえる集中力があることを伝えます。読んだ本の種類を確認して，どのようなカテゴリーの本が好きかを把握しておくとよいでしょう。

●掃除をがんばっている子ども

> 　掃除の時間が始まると，真っ先に掃除場所に行き，黙々と取り組んでいます。〇〇さんの担当が終わったら，ロッカーの上や，ごみ箱の裏など，自分で考えてごみを取っています。掃除に前向きな姿がみんなのお手本となっています。

　掃除について書く場合は，「行動の記録」と一致していることが大切です。また，他の子と比べるのではなく，その子自身にどのようなよいところがあったのかを記述することも大切です。

●音読が得意な子ども

> 音読では，すらすら読めるだけでなく，気持ちのこもった読み方ができています。台詞部分は登場人物が本当に話しているようで，すばらしいお手本となりました。

音読は，宿題で出すことも多いと思います。おうちの方の協力によって成長できたということを懇談会でもお話しできるとよいでしょう。

●図画工作が得意な子ども

> 図画工作で絵の具を使うときには，筆を上手に使って色の濃淡が出るように塗りました。どの絵も色鮮やかで，細かい部分にまでこだわった作品をかくことができました。

水彩絵の具でどのような筆づかいをしたのかは，完成した絵でもよくわかります。

●はじめてのことには行動するまで時間がかかる子ども

> はじめて取り組む活動のときには，友だちの動きなどをよく観察したうえで，慎重に行動することができました。よくまわりが見えていてすばらしいです。

「行動するのに時間がかかる」ということは，言い換えると，「よく観察し，慎重に行動している」ということです。一見するとマイナスと思われることも，リフレーミング（捉え方の変換）してみましょう。

（田中　直毅）

7月

8月の学級経営のポイント

1 会えない時期のコミュニケーションとして暑中見舞いを出す

8月，家庭での子どもの様子を知る方法があります。それが「暑中見舞い」です。

生活科や国語の学習として「夏休みに暑中見舞いを出す」という宿題を出します。宛先は学校の担任です。黒板に大きく宛先面を書いて，どこに何を書くのか，次の手順で夏休み前に指導すれば簡単です。

①ハガキを1人ずつ配る。

②学校の郵便番号を右上に書く。

③学校の住所を右側に書く。

④担任の先生の名前を真ん中に書く。

⑤左下に自分の名前を書く。

⑥裏面に，夏休みの様子を書く。

⑦ポストに自分で投函する。

最近は，郵便物を出したことがない子どもがいます。ポストがどこにあるのかわからない子どももいます。ポストを探すのも楽しい勉強になります。

暑中見舞いは，立秋（8月7日ごろ）までに出すのが習わしです。できれば，「先生は届いた人に残暑見舞いを出すからね」と言っておくと子どもも楽しみにしてくれます。

2 2学期をきれいにスタートできるよう，教室を掃除しておく

1学期，子どもたちと過ごした教室を夏休み中に掃除しておきます。できれば，夏休みに入ってすぐに行いましょう。2学期直前になると，いろいろな仕事が入ってきて掃除どころではなくなるからです。

1学期末に子どもたちと大掃除をしているので，夏休みの掃除は，それ以外の場所，例えば教室の棚や先生の使っている机やロッカーの中などを中心に行います。おすすめは，教室の掲示物をいったん全部外すことです。後ろに子どもたちの絵や作品が飾ってあれば，外してしまいます。教室の全面掲示，例えば学級目標などを書いているかもしれませんが，新鮮味のなくなった2学期であればなくてもかまいません。

いったんリセットして2学期に臨みましょう。その方が，子どもたちも新鮮な気持ちで2学期を過ごすことができます。

ちなみに，カレンダーが7月のままになっていることがよくあります。新学期が始まる直前，もう一度注意深く細かいところに気を配り，気持ちのよい新学期を迎えましょう。

3 　2学期に向けて子どもも先生も リフレッシュする

　夏休みは先生もしっかり休みましょう。いろいろな事務仕事や研修もありますが，大事なことは先生の疲れを癒すこと。趣味や旅行に出かけたり，単にぼーっとしたりするだけでも十分です。仕事とはまったく違う世界を存分に楽しんでみてください。

　違うことをしていたら，自然と子どもたちのことや2学期のことを考え始めます。案外，夏休み，仕事とは違うことをしていた中に，授業のヒントが隠れていることもあります。

　先生がリフレッシュすることが最大の学級経営のポイントです。先生の思い出話を子どもたちは楽しみにしています。

4 　不登校傾向のある子どもに 電話をかけて様子を聞く

　1学期に不登校・不登校傾向のあった子どもには電話で夏休みの様子や2学期の準備がどうなっているかなどを聞いておきましょう。

　2学期の始業式に生活リズムが整わず，学校へ行きにくくなる子どもが増えるのもこの時期です。可能であれば子どもの声を聞かせてもらい「待っているよ」とひと声かけておきましょう。不登校傾向の子どもの不安の大半は「宿題がまだ終わっていない」ということです。そのときは「今できているところまでで大丈夫だよ」などと声をかけ，不安を解消しておきましょう。

（広山　隆行）

9月の
学級経営の
ポイント

1 提出物をスムーズに出し気持ちよく2学期が始められるようにする

　2学期が始まった初日は，たくさんの提出物があります。宿題だけでなく，夏休み中に持ち帰らせた絵の具道具などの道具類。普段使う上履きシューズや体操服など，一気に持ってきます。まずは，スムーズに提出できるように準備しておきましょう。

　提出には大きく2つの方法があります。

　1つは，あらかじめ提出物の置き場を指定しておく方法です。かご等を準備しておき，朝，学校に来た子どもから自分で提出させる方法です。

　もう1つは，学校に来てすぐに提出するのではなく，1時間の学活などの授業を使って提出させる方法です。「最初に通知表を持ってきましょう」と集め，「次は宿題のワークを出しましょう」と1つずつ確認しながら集めます。その際に，「忘れた人は手をあげて」と名前を確認し未提出の子どもをその場で確認し「明日持ってきてね」と話します。

　ここからが先生の大事な仕事。宿題などは点検後できるだけ早く返却し，普段の時間割の生活にしていきましょう。

2 生活リズムを整えるために確認テストや授業をすぐ行う

　9月は，いかに早く学校生活のリズムに戻せるかが学級経営のポイントになります。

　そこで，夏休みの確認テストをすぐに行います。宿題に沿ったテストで，きちんとやったかどうか，理解したかどうかがわかるものにします。事前に「明後日の金曜日に夏休みの確認テストをします。それまでの宿題は，テストの勉強にしますね」と話します。始業式の日に時間があれば，いきなりその日に行ってもいいでしょう。テストをできるだけ早く行うのは次のようなメリットがあります。

・宿題ができていたか知ることができる。

・「学校が始まった！」という意識になる。

・宿題をしていなかった子どもの猶予期間になる。

　9月の最初は，学級の時間を取りたいところですが，できるだけ普段通りの授業を進めていきましょう。

　最後に，授業の開始時刻はきちんと守らせます。暑くなって集中力が続かないこともあるでしょう。そんなときは，授業中に休憩を入れて構いません。

3 係活動を・当番活動を見直す

低学年の係活動は，当番的な活動（黒板消し・配り）と自主的な活動（新聞係）が一緒につくられていることが多いです。2学期，新しく係をつくり直す際に，自主的，創造的な活動になるよう働きかけてみましょう。

まず「『こんな係があったらいいのにな』というものがありませんか？」「『こんな係があったらやりたいな』というものがありませんか？」などと子どもたちに投げかけ，提案，立候補した子どもを優先的にその係に任命します。

すると，子どもたち自身がやりたい係が増え，係活動が活性化します。

4 夏休みの作品にがんばったことや見どころを書き加え掲示する

夏休みが明け，子どもたちは宿題以外に自由研究として様々な作品を持ってきます。作品を掲示する際に次のような，ちょっとひと工夫をしてみましょう。普通は名前と作品タイトルだけを掲示します。そこに作品の解説やつくるときにがんばったところや見どころなども書かせましょう。一番下に先生のコメントを書くと子どもたちは大喜びします。

（広山　隆行）

2学期はじめの
チェックポイント

生活面	□登校渋りや遅刻が目立つ
	□体調不良を訴え，休みがちである
	□登校してから朝の支度がなかなかできない
	□チャイムとともに行動できない
	□あいさつや返事の声が小さい
	□給食で好きなものだけ食べ，嫌いなものを残す
	□掃除をまじめにやらない
	□体重が増え過ぎている
学習面	□学習のルールを守ろうとしない
	□授業で眠そうにしている
	□いすにすわる姿勢が悪い
	□毎日そろえるべき学習道具がそろっていない
	□45分間集中できない
	□おしゃべりが多く，話を聞いていない
	□手あそびや上の空が目立つ
対人面	□協力できず，自分勝手な行動が目立つ
	□けんかやトラブルが多い
	□あそびのルールを守れない
	□言葉づかいが悪くなった
	□１人でいることが多い

1 生活面

　夏休みには，家でのんびりと自由に過ごす時間が長かったので，4月から培ってきた学校生活のルーティンが抜けてしまう子がいます。夜遅くまで起きていたり，朝はゆっくり寝ていたりと，生活のリズムが崩れている子がいるでしょう。

　徐々にこれまでの学校生活を取り戻していくことが大切です。まずは1日の生活の流れを確認し，自ら行動できるように声かけをしていきましょう。

2 学習面

　生活面と同様に，4か月間で培ってきた学習のルールが抜けてしまう子がいます。好きな時間に宿題をして，あとは家でゴロゴロしていたという子にとっては，45分間の授業を苦痛に感じるのは当然です。

　45分間の授業にリズムとテンポをもたせ，「授業は楽しい」と思わせることが必要です。最初のうちは，活動を細分化し，動きのある学習内容を仕組むことが大切です。少なくとも，45分間すわりっぱなしで，ただ先生の話を聞くだけの授業は避けましょう。

3 対人面

　40日もの間家で過ごし，兄弟姉妹とだけ関わり，あまり外に出なかった子も多いはずです。反対に，交友関係が広がり，近所の上級生と関わったという子もいるでしょう。どちらの場合も，学校が始まり，クラスに戻ってくるときには，ある程度の緊張感をもっているはずです。

　学級の仲間と協力したり助け合ったりする大切さを思い出させ，トラブルがあったらそれをチャンスと捉えて指導し，学級をリスタートします。

（藤木美智代）

避難訓練
指導のポイント

1 避難訓練への「構え」をつくる

　2年生にとって二度目の避難訓練です。注意事項や方法なども昨年度のことを覚えている子どもは多いでしょう。しかし，「慣れ」は「油断」につながります。火事や地震の恐ろしさを伝えるとともに，「自分の命を守るための学習なのだ」ということを改めて強調して訓練への構えをつくります。

2 標語の定着度合いをみる

　「おはしも」など定番のキャッチフレーズを覚えているか確かめておきます。担当の分掌から出されている内容を確認しておきましょう。

3　事後の振り返りを丁寧に行う

　避難訓練は，実際に避難が必要な事態が起きた場合に備えて，「前もって」行うものです。つまり，訓練したことを実行できなければ訓練の効果がなかったということです。しかしながら，実際に避難が必要な事態が起こるまでそのことを確かめる術はありません。そこで訓練の振り返りが大切になります。「おはしも（ち）」の約束が守れたかどうか，校内放送をよく聞いて素早く行動できたかどうか，自己評価する機会をつくります。

　また，訓練中の様子や集合場所での様子，訓練に対する参加態度など，教師の目から見てよかったと思われることを取り上げ，肯定的なフィードバックを行います。「がんばってよかったな」「真剣にできたな」という気持ちになるように話しましょう。それに加えて，避難経路の様子について，特に気をつけておいた方がよいことを再度確認するようにしましょう。

（藤原　友和）

勝ち負けにこだわらずに頭の体操をしよう！

ウエスタンチャレンジ

| 時間 | 10分 | 準備物 | なし |

ねらい

　2人の指の本数の合計を早く言うゲームを通して，勝敗にこだわらずペアで頭の体操を楽しむ。

1. ルールを理解する

 今から「ウエスタンチャレンジ」をします。ペアで「せーの，バン！」と言って片手の指を出します。指の本数は1〜5まで出すことができます。2人の指の本数をたした数を早く答えた方が勝ちです。例えば，これはいくつになる？（先生が両手でやってみる）

 5です！

> **うまくいくコツ**
> 何回か例示し，指の出し方を変える。例えば，2のときには親指と小指などにするとよい。

 そうですね！

2. ペアで練習をする

 まずは，隣の席の友だちと練習してみましょう。

 せーの，バン！ …5！

3. 本番を行う

 では，先生が「止め」と言うまで何度もやってみましょう。

 せーの，バン！　…3！

 すぐに答えるのって難しいね。

4. ルールを変えて行う

 少しレベルアップしますよ。今度は両手でゲームをやってみます。

 うわっ，両手になると難しいね。

せーの，
バン！

┌─────────────────────────────────────┐
　　　　　　＼　プラスα　／

　両手を使ってひき算（多い数から少ない数をひく）や片手でのかけ算
など，難易度を変えて楽しむことができます。
└─────────────────────────────────────┘

9
月

みんなで心を1つに楽しもう！
スピード拍手リレー

 時間　10分　 準備物　なし

チームで拍手を送るスピードを競い合うゲームを通して，コミュニケーションを取りながら，よりよい関係を築く。

1.ルールを理解する

このゲームは，6人組で行います。まずは，6人が円になります。次にリーダーを決めましょう。リーダーから順番に左まわりに拍手していきます。1周まわったらリーダーが「はい！」と手をあげてください。一番早かったチームが勝ちです。

2.チームで練習をする

それでは，まずはチームで練習をします。6人で円をつくったところから，リーダーを決めて練習しましょう。楽しむことが大切です。うまくいかなくても，みんなで温かい言葉をかけ合いましょうね。

リズムよく手をたたくのって難しいね。

うまくいくコツ
チームで協力している姿をほめる。

だんだん，早くなってきたよ。

3. 本番を行う

 では，1回戦です。よーい，スタート！

 ごめん，少し遅れちゃった。次はがんばるね。

 大丈夫だよ！　練習のときよりも早くなってるよね。

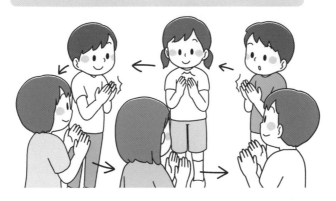

4. 振り返りをする

 チームで，今回のゲームをしてよかったところを出し合いましょう。

 みんなで息を合わせてできたのがよかったね。

＼ プラスα ／

　2回拍手したり，1周まわったら反対まわりでもう1周したりするなど，条件を変えても楽しむことができます。

みんなで体を動かして楽しもう！
なんでもバスケット

| 🕐 時間 | 10分 | 📝 準備物 | ●いす |

ねらい

なんでもバスケットを通して，意外な共通点を知ることや，体を動かすことを楽しみ，温かい学級の雰囲気をつくる。

1. ゲームの説明をする

今から「なんでもバスケット」をします。「フルーツバスケット」とは少しルールが違います。鬼の人は，「夏休みにすいかを食べた人？」のように，お題を出します。そのお題にあてはまっている人は，空いている席に移動しましょう。ただし，自分がすわっていた1つ隣の席にすわることはできません。

「フルーツバスケット」みたいに全員が動く言葉はありますか？

「なんでもバスケット！」と言ってください。あとは，「2年3組の人？」と言っても全員が動くことになりますね。

2. ゲームを行う

ペットを飼っている人？

> **うまくいくコツ**
> 人が傷つくことや，下品なお題は出さないように注意する。

126

２年生の人？

 あれっ？　これもみんな動かないといけないよ！

3. 夏休みに関連したお題でゲームをする

 では，今から夏休みに関係のあるお題でやってみましょう。

 夏休みに川に行った人？

 自由研究が大変だった人？

 すごく大変だった！　みんなもやっぱり大変だったんだ。

\ ポイント /

　このゲームは，争い合うのではなく，楽しむことが大切です。教師が
率先して笑ったり，拍手を送ったりして盛り上げましょう。

勝ち負けのないじゃんけんで盛り上がろう！
セブンイレブンじゃんけん

時間 5分

準備物 なし

ねらい

2人の指の本数を7や11に合わせるゲームを通して，ペアで協力して目的を達成する楽しさを味わう。

1.ルールを理解する

今から「セブンイレブンじゃんけん」をします。このじゃんけんは，2人の指の本数を7や11に合わせるゲームです。指は，0〜5まで出すことができます。普通のじゃんけんは，勝ち負けがありますよ。でも，このじゃんけんは，2人の指の本数が合ったら2人とも勝ちになります。

2.ペアで7に合わせるじゃんけんをする

まずは，2人で7をつくります。7ができたら「イエーイ」とハイタッチしましょう。ハイタッチしたら次のペアを見つけましょう。

じゃんけん，ポン！ イエーイ！

0と1はダメだね。2人たしても7にならないから。

3. 両手を使って7や11に合わせる

 次は，両手を使ってやります。7か11をつくりましょう。

 両手になるとなかなかそろわないね…。

 すごい，11になったよ！

4. 振り返りをする

 7や11に数が合ったとき，どんな気持ちになりましたか？

 ぴったり合うと気持ちいいなと思いました！

（堀井　悠平）

＼ プラスα ／

3人組や4人組でも楽しむことができます。難易度が高くなりますが，数が合ったときの盛り上がりはより大きくなります。

10月の
学級経営の
ポイント

1 学校行事にみんなで取り組むための チームワークづくりをする

10月は運動会や音楽会・学習発表会といった学級・学年で取り組む活動が増える時期です。この時期は「チームワーク」「協力」といった言葉で学級全体の団結を深めていきましょう。

このころになると、子どもたちの会話から「みんなが…」「みんなで…」という言葉が出てきます。「集団の中の一員」という意識で物事を見ることができるようになった証拠です。

「…はできる（勝てる）」「…はできない（負ける）」と友だちとの比較をするようにもなります。すると、勝てるものや得意なものが見つからない子どもは、劣等感を抱き始め、学習への意欲が落ちていきます。

それを防ぐためにも、友だちと比べることより、過去の自分と今の自分を比べ「伸びた！」「できるようになった！」と自分の成長を喜べるように働きかけましょう。

その伸びや成長のきっかけづくりに友だちの協力や学級みんなのチームワークを活用していきましょう。

2 かけ算九九の学習に 達成感や満足感をもたせる

2年生の学習といえば「九九」が有名な単元です。九九ができるかどうかは、その後の算数の学習に大きな影響が出てきます。全員ができるように、取り組みましょう。その際、友だちの協力も仰ぎ、学級の全員ができることを目指したいものです。

さて「九九が始まる！」というと、算数が苦手な子どもやその保護者にとっては、ドキドキです。でも大丈夫。そんな子どもには次の話をしてあげましょう。

「九九は、たし算・ひき算とは関係ありません。これまでできなかった人にも九九はできます」

九九の練習は、少しずつできるようになる実感があり、できたときの達成感や満足感を味わわせることができます。友だち同士で、言ったり聞いたりすることで、関わり合う場面が増えます。友だちにも先生にも認められることが増えます。

九九の学習は2か月程度です。覚える期間も短期決戦のつもりで期間を限定し、集中して行いましょう。

3　学校図書館を活用して読書の習慣を身につけさせる

　読書の秋です。子どもたちに読書の習慣をつけさせましょう。

　まずは定期的に本を借りる時間をつくります。授業時間の１週間に一度は学校図書館で本を借り、残った時間は読書にあて、本に触れる機会を多く設けます。

　次に、１人で学校図書館へ行く経験をさせます。もちろん友だちと一緒に行くのも大歓迎です。期間を決めて、休み時間に本を返します。まずは返すだけで構いません。借りるのは授業時間があります。慣れてきたら、本を返し、交換するように新しい本を借りることに挑戦させましょう。

4　この時期だからこそ使える遊具で運動をさせる

　体育の秋です。メインは運動会。でも、この時期だからこそできる運動をさせましょう。

　例えば校庭の遊具です。夏は暑くて触れなかった鉄棒や雲梯、登り棒といった鉄でできた遊具も、この時期になれば触ることもできます。体育の準備運動や休み時間を使って遊具に触れましょう。また、もうしばらくすると今度は寒くなってきます。この時期だからこそ、授業で鉄棒の学習に取り組んでみましょう。鉄棒の技は、１人よりもみんなで教え合ったり励まし合ったりして取り組んだ方が上達します。人間関係もよくなります。

（広山　隆行）

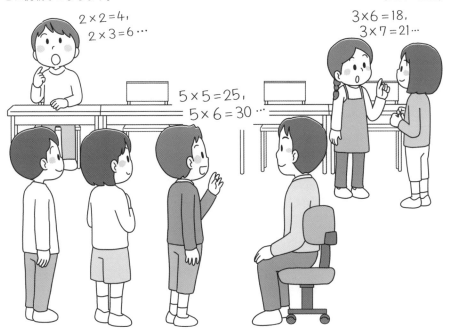

音楽祭
指導ポイント＆
活動アイデア

1　指導ポイント

☑ 当たり前のことも丁寧に確認，指導する

当たり前だと思っていることも丁寧に確認，指導することで，どの子も安心して取り組むことができる。

☑ 視覚的にわかりやすくする

教室での学習と同じように，体育館練習でも，図や言葉を用いて，視覚的にわかりやすくなるように工夫する。

☑ 曲想を感じる機会をもつ

ただ教師の指示に従うのではなく，子どもが曲の雰囲気を感じ取り，思いをもって歌ったり演奏したりできるようにする。

☑ 合わせる楽しさを感じられるようにする

練習からみんなと歌声を合わせたり，いくつかの楽器ごとに演奏したりして，合わせる楽しさを感じられるようにする。

☑ 小さな達成感を積み上げる

小さな「できた！」を感じられる機会を多く設定して，達成感を味わわせることで，本番までの意欲につなげていく。

2 活動アイデア

①オリジナル楽譜をつくってみる

　ボディーパーカッションや打楽器の演奏等，メロディがない演奏に取り組むときには，オリジナル楽譜をつくってみましょう。

　リズムは，「タン」「ウン」でもよいですが，長い曲になると覚えることが難しくなります。そこで，例えば「タン・ウン・タン・ウン・タン・ウン・タン・タン」のリズムであれば「き・つ・ね・コンコン」というようにリズムに言葉をつけます。こうすることで子どもたちはすぐにリズムを覚えます。練習のときは，言葉を言いながらリズムを打つようにしましょう。

　また，「タンタンタタタン」のリズムを何度か繰り返したいときには，リズムの言葉に「いっこトマト」「にぃこトマト」…というように数字を入れると便利です。

　それらを模造紙に書きます。大きく書いておくと，体育館での練習のときにも使えます。リズムだけでなく，動きも絵で表しておくと，視覚的にもわかりやすくなります。

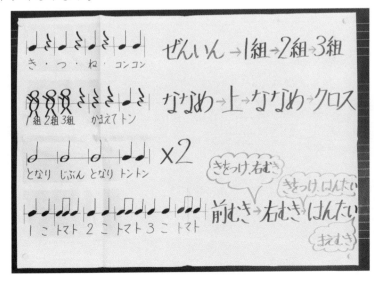

②指揮の合図の意味を子どもたちと共有する

　指揮をしながら子どもたちに合図を送ってみるものの，あまり伝わっていない，という経験をしたことがある方も多いのではないでしょうか。

　体育館の練習では，指揮者の合図について子どもたちと事前に確認しておくことが大切です。例えば，以下のような合図を決め，伝えておきましょう。

・手をあげたら演奏に入る準備，手を下げたら元に戻る。

・指揮を大きく振ったら大きな声に，小さく振ったら小さな声にする。

・口の開け方が足りないときは，指揮者が大きな口を開ける。

・もっと笑顔（リラックス）が必要なときは，ほっぺたをさわる。

・速度が速くなっているときは，手の平を下に振る。

　大げさに強弱をつけて練習すると子どもたちは楽しんで指揮を見るようになります。子どもたちと一緒に合図を考えてもよいですね。

　いつもの練習でも取り入れることで，緊張の中でも，子どもたちはしっかり指揮を見て安心して歌ったり演奏したりすることができるようになります。教師が緊張すると子どもたちにもそれが伝わります。笑顔で指揮ができるように，鏡の前で練習することもお忘れなく！

③音楽物語は登場人物になって楽しむ

音楽物語は登場人物になって台詞を言ったり歌ったり，楽しみながら取り組むことができるので，2年生の子どもたちにぴったりです。「このときどんな気持ちだったかな？」「どんな声で歌ったらいいかな？」と子どもたちに問いながら，歌声をつくっていきましょう。

怒っている様子を表すために前奏や間奏で足を踏み鳴らしたり，うれしい様子を表すために腕を振って歌ったりする演出もあります。子どもたちだけで考えると動きが小さくなってしまうことがあるので，簡単で大きな動きになるようにアドバイスをしましょう。

歌いながら動くことが難しい子もいるので，子どもたちの実態に合わせながら考えましょう。

だれが台詞を言っているかわかりやすくするために，台詞を言う1つ前になったら立ち，その他のときはすわるようにします。役によって服の色を決めたり，お面をつけたりするのもいいですね。家庭で用意してもらうものがあれば，なるべく早く学年だよりなどでお知らせしましょう。

10
月

（土師　尚美）

学芸会
指導ポイント&
活動アイデア

1　指導ポイント

☑ 特徴を踏まえて脚本を作成する

演じることを楽しめるという２年生の特徴を踏まえ，「子どもにとって身近な作品」「登場人物がたくさん」をベースに作成する。

☑ わかりやすい目標を設定する

「１年生のお手本となろう！」など２年生にもわかりやすいものにする。本番前に１年生と観劇し合う場はよい刺激になる。

☑ 希望通りの配役になるよう努める

子どもの希望通りの配役になるよう努める。想定以上の人数になった場合は，台詞の数を増やすなど，脚本を工夫する。

☑ 固定化した流れで練習を進めていく

「上・下手に分かれる→グループで声出し→移動」など，練習の流れを固定化し，子どもが見通しをもって取り組めるようにする。

☑ 思い出として形あるものに残す

集合写真を真ん中に貼った色紙に寄せ書きをするなど，達成感をしっかりと味わわせ，よき思い出として胸に刻ませる。

2 活動アイデア

①ジェスチャーゲームで表現指導を行う

　学芸会は，表現を学習するにはうってつけの機会です。表現をするうえで欠かせないのは「表情」と「ジェスチャー」です。2年生では特にジェスチャーの指導を進めていきます。

　「楽しさを表現するのだから手は上に！」「悲しいときは下を向いて！」…と指示ばかりになりがちな2年生への指導。操り人形状態では，子どもたちも楽しいはずがありません。

　「表現することは楽しい！」と感じられるようにするためには，ジェスチャーゲームがおすすめです。出題者が声を出さずに身振り手振りでお題を表現し，解答者が表現を見て当てるというゲームです。リレー形式で順番にまわしていき，子どもたちの表現する機会を確保しましょう。学芸会直前ではなく，年度はじめからジェスチャーゲームに取り組み，子どもたちの身体で表現することへの抵抗感を薄めていきましょう。

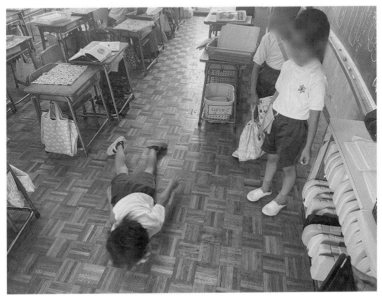

②大声選手権を開催する

　大きな声を出すことに慣れていない２年生。教師が「体育館に響き渡る大きな声を出しましょう！」と言っても，出るはずがありません。無理やり声を出させようとするとのどを傷め，大事な本番で声が出なくなりかねません。そうならないように，年度はじめから声を鍛えておきましょう。

　２年生には「大声選手権」がおすすめです。選手権といっても，他者と競い合わせるのではなく，一人ひとりが運動場の朝会台の上から好きな食べ物やがんばっていることなど，お題に沿ったことを叫ぶだけです。目標は学級全員が１人で叫ぶことができるようになること。はずかしいと感じる子どもは友だち数名と一緒に叫ぶことからスタートし，徐々に人数を減らしていく方法を取るとよいでしょう。学級全員が１人で叫ぶことができるようになれば，体育館で大きな声を出すことぐらい簡単です。子どもたちは自信をもって学芸会に臨むことができることでしょう。

③子どもに自分が必要だと思う小道具をつくらせる

　２年生への指導場面。「…しましょう」や「…するんだよ」などの指示の言葉が多くなってしまうのは仕方がないことです。一方で，教師からの指示が多いほど学習に対する姿勢は受け身になり，主体性が削がれていくことを認識しておきましょう。

　主体性をもたせるためにおすすめの活動が，小道具づくりです。めあては「○○をつくりましょう！」でもよいのですが，「自分の役で必要だと思うものをつくりましょう！」とすると，２年生なりにお話の内容や自分の役柄の性格について考えようとする姿が見られます。「ぼくは偉そうな王様役だから，王冠があるといいかな」「私は，かわいい小人役だから，三角ぼうしをつくってみよう！」などと自分の考えのもと，主体的に作成に取り組む姿が見られます。できた小道具を練習で使用したとたん，身振り手振りが自然と増え，表現の幅が広がるのですから不思議なものです。また「演じる」から少し離れた「つくる」という活動は，子どもたちにとってホッとする時間にもなるので，息抜きとしてちょうどよい活動になります。小道具がもたらす力をどうぞご堪能ください。

10月

（日野　英之）

秋の運動会
指導のポイント

1 団体演技に関わることを子どもたちに決めさせる

　小学校生活2回目の運動会。1年生のときとの違いを感じさせたいところです。そこで，団体演技に関わる内容を自分たちで決めさせてみてはいかがでしょうか。事前の学年集会や学級会で「使う曲，道具，色，大きさなど，先生が決めるのではなく，みんなが決めるんだよ！」と言うと，子どもたちのテンションは間違いなく上がることでしょう。自分たちで決めることで，演技に対して愛着をもち，より一層練習に励むことができるでしょう。

　なんでもOKにすると指導が難しくなるため，以下の手順で進めるとよいでしょう。

①アンケートを行う。
②アンケート結果を基に候補を絞る。
③候補から選ばせる（教師の案も組み込んでおく）。

2 子ども同士での価値づけを促す

　子どもたちのよき姿を思い描くあまり，「縦の列をそろえなさい！」「もっと急いで移動してね！」などと指示が多くなりがちです。

　そんなときは子どもたちの行動に価値づけしていくことをおすすめします。それも教師から価値づけするのではなく，子ども同士の価値づけを大切にするとよいでしょう。例えば，紅組は練習，白組はその様子を見学します。練

習終了後，「紅組のよかったところはどこ？」と尋ねれば，「列がきれいだった！」「並ぶのが速かった！」など，子どもたちは友だちのよい姿をたくさん見つけることができます。そして，白組の子どもたちは，さらに価値づけてもらおうとがんばります。

　これを繰り返すことで相乗効果は抜群です。教師が価値づけするときよりよい姿を，子どもたちだけでつくり出すことができます。

3　動画で視覚的に振り返りを行う

　「もっと列を整えて！」「動きがそろっていない！」といった言葉による指示，指導をしてしまいがちですが，子どもたちはいまいちピンときていません。理由は簡単で，どこがよくないかがわからないからです。一生懸命に練習しているのに，注意ばかりされると，子どもの心は離れてしまいます。

　そこで，視覚的に振り返りを行うために，タブレット端末等で撮影した練習の動画を子どもたちと視聴します。すると，子どもたち自身が様々なことに気づきます。

　「列がぐちゃぐちゃだ…」

　「動きがあまりそろってない！」

　こんなつぶやきが聞こえたらチャンスです。

　「どうすれば列がそろう？」

　「どうすれば動きがそろう？」

といった発問を投げかければ，ああでもない，こうでもないと解決を図ろうとする子どもたちの姿が見られるはずです。　　　　（工藤　智）

11月の
学級経営の
ポイント

1 学級会を通して
みんなで何かを決めさせる

　11月は学級が荒れやすいと言われます。理由の1つに，運動会や学習発表会といった大きな学校行事が終わり，次の目標を子どもたちがもてていないことがあります。エネルギーの発散場所がなく，それが間違った方向に出て「荒れ」という現象になっています。

　そこであふれるエネルギーを学級会に注ぎます。具体的には，自分たちで行う学級会です。次のような流れで，すぐにできます。

①司会と書記とノート書記を決める。

②議題を決め，話し合う（最初は「次の学活で何をするか」がおすすめです）。

③意見をたくさん出す。

④出た意見について質問や意見を言う。

⑤多数決を取る。過半数を超えたら決定する。（過半数を超えなければ，上位2〜3の意見だけ残して，もう一度④に戻る）

⑥決まったら，賛成した人を中心に実行委員を決め，実際に行う。

　先生はできるだけ子どもに任せ，自主的な話し合いができるように見守ります。この経験が，授業の話し合いにも役立ちます。

2 世のため人のために
できることをやらせる

　2年生になって半年が過ぎました。様々なことを自分でできるようになっていきます。一方で，できるようになったからこそ，手を抜くことを覚える時期でもあります。

　『花さき山』（斎藤隆介）という物語があります。「優しいことをすると人知れぬ山に美しい花が1つ咲く」という内容です。この物語のように，優しい行為・行動をすることで，心も育てていきましょう。

　例えば，「①名前 ②いつ ③どこで ④何をしたのか」を書く欄をつくった花のカードを用意しておき，よいことをしたら先生に渡します。先生は「ありがとう」などのコメントを書き，教室に花を飾る，という実践です。カードの形は学級の実態に応じて，花さき山のように花を増やしてもよいですし，星の形やリンゴの実の形でもよいでしょう。よい行為・行動が見える形で増えていくのは，学級全体のよい雰囲気をさらに増していきます。

　子どもはみんなよい子になりたいと思っています。よいことの自己申告で自分自身をよい人間だと思うようになり自信がつきます。

3 子どもの人間関係を 捉え直す

　2学期に入り，大きな学校行事が過ぎると子どもの人間関係が変わっていることがあります。仲のよい友だちが変わっていたり，休み時間のあそびの集団に変化があったりします。5月に行った調査をもう一度行います。

　変化があった子どもの周辺は，トラブルが起こりやすくなります。あらかじめ気をつけて見ておくと，慌てずに済みます。

　一方で，休み時間など1人で過ごしている子どもがいないかどうか観察します。学校図書館で1人でいたり，校舎内を1人でふらふら歩いていたりする子どもには，個別に声をかけてみましょう。

4 秋を探しに出かけ， 見つけたことを紹介し合わせる

　秋です。生活科の学習や休み時間など外を見てみましょう。日に日に，これまでとは違う景色になってきています。2年生の子どもたちは四季を知っています。「夏と秋とどこが違うかな？」と聞いてみましょう。そのうえで，「本当かな？　秋を探してみよう」と歩いてみましょう。目にする虫や花が違います。葉っぱの色も変わっています。耳をすませば虫の鳴き声も聞こえます。見つけたことを教室のみんなに紹介し合いましょう。それぞれが見つけた秋に興味津々となって話題が広がります。

（広山　隆行）

11
月

143

「11月の荒れ」の
チェックポイント

生活面	□日直や係の仕事が自主的にできない
	□給食当番の仕事がいい加減になっている
	□掃除の時間に遊んだり，さぼったりしている
	□落し物が増えた
	□掲示物が剥がれたり，切れたりしている
	□教室全体が整理整頓されず，雑然としている
	□ごみやほこりがたくさん落ちている
	□机が真っすぐに並んでいない
	□ルールやきまりを守れない
	□多くの子に笑顔が見られない
	□声が小さく，元気がない
	□表情が暗く，具合が悪そうにしている子が多い
	□給食を残すことが多く，食べる量が減っている
	□やる気がなくなり，行動が遅い
	□言われないと動かない
	□教室の床でゴロゴロしている
学習面	□授業が時間通りに始まらない
	□授業中に私語や手あそびが多い
	□2人組になって話し合うことができない
	□音読の声が小さい
	□挙手する子が少ない
	□いすにすわる姿勢が悪い

	□字が雑になった
	□学習のルールが守れない
	□グループ学習で協力できない
	□45分間集中できない
	□宿題や学習用具を忘れることが多い
	□ノートを書かない
	□やるべきことが時間内にできない
	□切り替えが素早くできない
	□授業中ぼーっとしている
	□席を離れ，注意しても戻らない
対人面	□集団で遊ぶことが少ない
	□班で協力して行動することができない
	□困っている子がいても助けようとしない
	□休んでいる子のことを気にかけない
	□「ごめんなさい」「ありがとう」が言えない
	□ものがなくなったり，落書きされたりする
	□友だちが嫌がる呼び方をする
	□嫌なことを嫌と言えずに我慢している
	□間違えた子の揚げ足を取る
	□けんかやトラブルが目立つ
	□言いつけが多い
	□手や足が出る
	□陰湿ないたずらや意地悪な行動が目立つ
	□大声を出したり，嫌な言葉が飛び交ったりする
	□ルールを守って遊べない
	□1人でぽつんとしている

1 生活面

　気温がだんだん低くなるにつれて，心の中にも寒い風が吹き，子ども心にも切なさや寂しさを感じるころです。2年生になって8か月も経てば，学校生活にも慣れ，容赦なく素の姿を現してきます。このような日々の中，「慣れ」から「飽き」が始まり，やがて「荒れ」へと進むのが11月です。ちょうど行事もひと段落し，平坦な日常生活を過ごすころ。担任は2年生にもなればなんでも自分たちでできるものと油断をしがちです。実は，それが「慣れ」や「飽き」を増幅させる要因になりかねません。きちんとできて当然と考えると，次第にほめ言葉が減り，子どもたちは気を抜いてしまうことになります。ほめられることなく，またきちんと指導もされないと，「何かおもしろいことはないか」とふざけやいたずら心がむくむくと現れてくるのです。

　担任自ら初心に戻り，「慣れ」からくるいい加減さ，手抜き，さぼりなどを再確認することが必要です。当たり前のことでもきちんとできていればほめてあげます。できていないところは，手立てを考え，再びできるように指導します。この時期にこれができないと，残りの数か月がとても大変です。教室は，室温を快適に保つことで体も心も温めることができます。室温だけでなく，教室の雰囲気を温めていくのも担任の仕事です。学級活動として，何か楽しい企画をしたり，何か目標に向かって取り組んだりすることで，テンションを上げていきましょう。

2 学習面

　学習においても「慣れ」が出てきます。授業を始める時間，学習用具の準備，話す・聞くルール，姿勢，ノートの文字などを教師が見過ごしていると，だんだんと守らなくてもよいものになってしまいます。「慣れ」から「飽き」，「荒れ」へと進んでいくのは学習場面にしても同じことです。

　ここでもう一度，学習におけるルールを確認し，学習に向かう気持ちを高

めていかなければなりません。例えば,「鉛筆を置いて, 先生の話を聞く」というルールがあるのに, 鉛筆を持っている子がいても話し始めてしまったとしたら,「この先生の言っていることは守らなくても大丈夫なのだ」ということを学んでしまうのです。このような「慣れ」を打破し, 学習のルールを確立すれば, 心地よく学習に向かうことができるようになります。

「授業での学びは楽しい」という気持ちをもてるように, 学習内容や授業展開を工夫することも大事です。せっかく鉛筆を置いて話を聞く姿勢で待っているのに, 退屈な話しか聞けなかったら, 子どもはすぐに飽きてしまうのです。飽きさせない授業を行うことが一番大事な担任の使命です。

3 対人面

対人関係においても,「慣れ」から「荒れ」へ進むという図式が当てはまります。学級の友だちの性格や考え方がわかり, 慣れ合いが進む2年生のこの時期は, 平然と気弱そうな子に強くあたったり, 力の強そうな子の言いなりになったりする様子が頻繁に見られます。そういった行動の一つひとつを見逃すと, それがまかり通ってしまい,「慣れ」となってしまうのです。けんかやトラブルが頻繁に起きるのもこのころです。また, 1人孤立している子, 集団になじめない子も出てきます。グループ活動や話し合い活動がうまくできない場合は,「荒れ」を疑わなければなりません。

特に, 授業中に友だちの失敗や間違って答えたときなどに, 揚げ足を取ったり野次を飛ばしたりする行為は, すぐさま担任が戒めなくてはいけません。先生は見逃さないのだということを, 全体に知らしめるよい機会になります。

また, 担任は, 気弱そうな子や孤立している子, 集団になじめない子などに優しく声かけをして, 一人ひとりを大切にすることが大事です。そういう担任の姿を見せることで, 学級全体も同じ気持ちをもつことができます。担任の態度が, 教室では大切な1つの環境であることは間違いありません。

(藤木美智代)

できた文の理由を説明しよう！

1 授業の課題

3つの中から選んで，A，B，Cに入れる言葉を決めます。

その後（　　）のお題を言うので，その言葉に合わせて理由を説明しましょう。

わたしは（　　）が **A** です。
（　　）を見ると **B** します。
わたしは（　　）とであって **C** です。

2 授業のねらい

でき上がった文とその理由をペアで伝え合う活動を通して，気持ちを表す言葉を覚えたり，理由を説明する練習をしたりする。

3 授業展開

①ペアの1人が答えを選ぶ

はじめに，2人1組のペアを組み，答える人と，聞く人の役割を決めます。

答える人は，右の表から，A，B，Cそれぞれ1つ言葉を決めま

A	すき	きらい	おそろしい
B	うきうき	はらはら	ひやひや
C	しあわせ	ふこう	くやしい

す。紙に書かせておくとよいでしょう。

　全員言葉が決まったら，（　　　）に入るお題を先生が発表します。答える人は，そのお題に合わせて自分が選んだ言葉を使って話します。聞く方は，「どうしてですか？」と理由を尋ねます。答える人は，できた文に応じて理由を考え，伝えます。

T　（　）に入るお題を出します。お題はこれです。
　　1行目：ペンギン / 2行目：へび / 3行目：パンダ
C　えーっ！
C　「わたしは，（ペンギン）が おそろしい です」
C　えーっ，どうしてですか？
C　理由は…，魚を丸のみするからです！
C　なるほど！

② 役割を変えて再度行う

　ひと通り終わったら，答える人と聞く人を変えて行います。動物だけでなく，虫（カブトムシやバッタ），食べ物（バナナやカレー）などを入れてもおもしろいです。何回か行い，慣れさせていきます。

③ お題や言葉も考える

　慣れてきたら，（　）に入れるお題も，子どもに考えさせます。

　さらに慣れてきたら，A〜C に入れる言葉も，子どもに考えさせるとよいでしょう。教科書に載っている「気持ちを表す言葉」などから選ばせるのもよいでしょう。

　たくさんの言葉に触れさせて，理由とあわせて言えるようにしていきましょう。

（比江嶋　哲）

11
月

算数

九九で占いをしよう！

1 授業の課題

> ①自分の好きな九九を1つノートに書く。
>
> ②書いた九九のかけられる数とかける数に1たしたものをノートに書く。
>
> ③ ①と②の式を比べて，答えが10増えていたらラッキー！

2 授業のねらい

どうしたらラッキーの式になるのか，仲間と協力しながらそのしくみを見いだす。

3 授業展開

①ルールを全体で確認しながら1回目のくじを行う

どのような手順なのかをクラス全員で丁寧に確認しながら，一緒に進めていきます。1回目は，どのような式がラッキーなのかを伝えずに進めていくのがポイントです。

T　今日は九九で占いをします。まずは自分のノートに好きな九九を1つ書きましょう。書いたら，隣の人と確認します。

T　書けたようですね。今回は，答えが10増えたらラッキーです。

C 「答えが10」ではなく，「答えが10増えたら」？　どういうこと？

T そうだよね。よくわからないよね。自分が選んだ九九のかけられる数とかける数を，それぞれ1増やします。そして最初に選んだ九九と比べて，答えが10増えたらラッキーです。結果を教えてください。

C 私は最初が3×4＝12だから，4×5＝20になって8しか増えてない。あぁ，はずれだー。

T （はずれもすべて板書しておく）

C ぼくはラッキー！　2×7＝14だから，3×8＝24になって，10増えているよ。

C 私もラッキー！　5×4だよ。

2	×	7	=	14
↓ +1		↓ +1		↓ +10
3	×	8	=	24
5	×	4	=	20
↓ +1		↓ +1		↓ +10
6	×	5	=	30

②2回目のくじを行い，ラッキーのしくみを見いだす

　改めて2回目のくじを行い，同じように結果を発表させます。そして，出されたラッキーの式から，そのしくみ（共通点）を見いだしていきます（交換法則で同じになるものは1種類とします）。

T 2回目のくじでラッキーだった人？

C はい！　1×8＝8→2×9＝18です。

C あっ，ラッキーの式のしくみがわかった！　あと1個あるね。

T えっ，どういうこと？　ヒントを言える？

C かけられる数とかける数をよく見て。

C あっ，ラッキーの式はどれもかけられる数とかける数をたすと9になってる！　あと1個は3×6＝18だね。

T これで，ラッキーの式がつくれるね。でも，もう1回占いしてもつまらないね。

C じゃあ，答えが12増えたらラッキーに変えようよ。
　　（以降，家庭学習で追究）

（前田　健太）

体育

みんなでラリーを続けよう！

1　授業の課題

風船を使って，バレーボールを
します。何回ラリーを続けられ
るでしょう。

2　授業のねらい

　チームで協力し，風船を使ったバレーボールでラリーを連続してできるよ
うにする。

3　授業展開

①ルールを確認し，ラリーを行う

　風船を使ってバレーボールをします。4人1組で行い，床に風船を落とさ
ず，できる限り連続させます。同じ人が連続で風船を触ってはいけません。

T　今から「風船バレーボール」をします。
　　バレーボールって知っていますか？
C　知ってる！　テレビでやっているよ！

T　ルールは簡単。床に落とさず，連続で風船を打ちましょう。ただし，同じ人が連続で風船を打ってはいけません。

C　おもしろそう！　早くやろうよ！

T　それでは始めます。よーい，スタート！

C　いーち，にー，さん…，結構難しいね。でも，楽しい！

②うまくいくコツを共有する

　教師は各班をまわり，活動を価値づけていきます。アドバイスしたり，うまくいくコツを共有したりしながら楽しく活動を進めます。

T　おー，うまいね！　何か意識していることはある？

C　たたく順番を決めておくといいよ！

C　風船を高く上げると次の人がたたきやすいよ！

③ルールを拡張する

　ある程度活動に慣れてきたら，2チーム合同で行いましょう。チームのメンバー全員触球したら，相手チームに返します。その繰り返しです。ラリーが何回続くか，続けるにはどうするべきか考えながら活動するとよいでしょう。難易度が上がるので，学級の実態によっては，最初に設けた「同じ人が連続して触球してはいけない」というレギュレーションはなくしてもよいでしょう。

T　今度は2班でやりましょう。自分のチームの全員が風船を触ったら，相手チームに打ちましょう。それの繰り返しです。さて，何回ラリーを続けることができるでしょうか。

C　えー，難しそう！　何回できるかな？

C　いーち，にー，さーん…，相手チームになかなか返せない！

（田村　直）

道徳
♡

どのような言葉をかけたら
よいか考えよう！

1　授業の課題

「るっぺどうしたの」（『わたしたちの道徳』文部科学省）で，自分を
コントロールできず，まわりに迷惑をかけてしまっているるっぺに，ど
のような言葉をかけたらよいか考えましょう。

2　授業のねらい

　自己を統制できず，人に迷惑をかけてしまう主人公るっぺにどのような言
葉をかけたらよいか考えることを通して，短所や欠点，課題を抱える友だち
に寄り添うことの大切さを理解し，共生していこうとする態度を養う。

3　授業展開

①自分とるっぺの共通点を見つける

　るっぺを批判的に扱い，悪者扱いしないように，るっぺの行動・態度と似
たものを自分の中に認めさせます。

T　自分にもるっぺと似たようなところはないかな？
C　朝起きられなくて，通学班の集合に遅れちゃうことがあるよ。
C　ゲームをやり過ぎて，よくお母さんに怒られてる　。

②るっぺの行為の背景を想像する

　ペアやグループで話し合った後，全体で意見を出し合います。本人の努力不足というより，るっぺが心の中に問題を抱えていることに気づかせます。

T　るっぺはどうして困ったことをしてしまうんだろう。
C　自分は楽しいと思っているんじゃないかな？
C　それもあるけど，何か嫌なことがあったんじゃないかな？
C　そうだね。きっとそれがあり過ぎてイライラしてしまっているんだよ。
C　そのストレスを発散させたくて，困ったことをしてしまっているのかもしれないね。

③るっぺにかける言葉を考え，役割演技を行う

　るっぺ役を教師が行い，るっぺに言葉をかけたうえでやりとりをさせます。るっぺの困り感に寄り添い，仲間として受け入れることが，るっぺの課題を解決する大きな力になることに加え，自分たちの成長にもつながっていくことに気づかせます。

T　るっぺ役を先生がやるので，言葉をかけてください。
C　るっぺくん，どうしたの？　何か嫌なことがあった？
T　うん。朝から嫌なことがいっぱいあったんだ。
C　そうなんだ。それは辛いよね。でも，友だちに砂を投げちゃいけないよ。
T　わかっているよ。でも，イライラが収まらないんだ。
C　そうか。じゃあ一緒に遊んでイライラを吹き飛ばそうよ。
T　えっ，いいの？
C　うん，もちろんだよ。
T　ありがとう。なんだか少し心が軽くなってきたよ。
C　それはよかった！　これからも嫌なことがあったらなんでも話してね。

（鈴木　賢一）

11月

12月の学級経営のポイント

1 今年1年間のがんばりをみんなで振り返らせる

　12月は，通知表をつけたり，保護者面談があったりと，子どもの成長を確認する時期です。子ども自身にも自分や学級がどれだけ伸びたのか，振り返らせてみましょう。

　例えば，B4判の紙1枚でできる簡単な振り返り方法があります。

①B4の紙を2回折り，元の大きさに広げる。

②下図のように，左側には自分自身のことを，右側には学級のことを書く。

③上側には，よくなった，できるようになったプラス面を書く。下側には悪くなったマイナス面を書く。

＋ (自分のよくなったところ)	＋ (学級のよくなったところ)
－ (自分の悪くなったところ)	－ (学級の悪くなったところ)

　きっとプラス面がたくさん出るはずです。書いたことを発表したり，お互い見合ったりしましょう。自分自身と学級の成長をみんなで振り返ることができます。そして自分の成長を見つめ，自己肯定感も高まります。

2 教室の大掃除をして新しい年を迎える

　教室の大掃除をして，気持ちよく冬休みに入りましょう。大掃除は，きれいにすることと，「自分の役目を果たせた」「みんなで協力してきれいにできた」という達成感・満足感を味わえるように働きかけましょう。

　1時間使う大掃除の前に小さな掃除を日常からしておきます。例えば次の場所です。

①机やいすの足についた綿ごみを取る。

②机の落書きを消す。

③机の中やロッカーを掃除する。

　加えて1時間の大掃除では特に床をしっかり磨きます。次のように行うと達成感・満足感を味わわせることができます。

①机を教室の後ろに下げる（廊下に出す）。

②自分のすわっていた場所を中心に，床が黒くなったところを，雑巾にクレンザーをつけて磨く（メラミンスポンジでも可）。

③最後は教室の横にみんなで並び，一気に雑巾がけをする。

　大掃除も「ピカピカ大作戦」などと名前をつけて行うと，子どもたちは俄然やる気がわいてきます。

3 冬休み中のお金の使い方に
   ついて注意を促す

　冬休みの過ごし方は，メディア接触，健康，帰宅時間などいろいろありますが，一番気をつけることは，お金の使い方です。お年玉をもらい，お金を手に「何を買おうかな」と自分で買い物をする機会も生まれます。そこで，次のように指導しておきましょう。
①必ずおうちの人と一緒にお店に行くこと。
②使い道は，おうちの人と相談すること。
③買ったものは友だちと交換しないこと。

　お金を子どもが持っていると「おごるよ，おごってよ」というトラブルも起こります。お金の管理をどうするのか考えるよう学級だよりなどで保護者にも伝えておきましょう。

4 年末年始は
   年中行事を意識させる

　12月から冬休み中や1月にかけて，年中行事がたくさんあります。特に，最近はなじみが薄くなってきた日本の年中行事を伝えてあげましょう。例えば，次のようなものです。

　冬至（12月22日ごろ）は，かぼちゃを食べたりゆず湯に入ったりする習わしがあります。

　正月飾りやおせち料理には，よい年になるための願いがあったり，知恵があったりします。1月の学級経営のポイントにも書いていますが，先生が伝えてもよいですし，冬休みの宿題として調べさせてもよいでしょう。

　　　　　　　　　　　　　（広山　隆行）

12
月

2学期の振り返り

1　学級づくり

　2年生の1学期の最大の目標が「学級が子どもたちにとっての安心できる居場所となること」であれば，2学期の目標は，そういった安心できる環境の中で「自己発揮し，できることを増やしていくこと」だと考えます。

　視点としては，「関係性を多様化していくこと」「関係性を深めていくこと」です。その子自身の成長も考えつつ，友だち関係や教職員との関係を広げ，深めていけるとよいでしょう。また，それは人間関係だけでなく，持ち物や場所など様々な対象との関わりについても同様のことが言えます。

　以上を踏まえて，子どもや教師自身の姿で2学期を振り返ってみましょう。

□クラスでトラブルが起こったら，自分たちで話し合って解決することができているか。

□クラス用ポストや掃除用具場所など，自分と関係のあるものの場所を把握しているか。

□全員が朝や帰りの支度を3分以内で終えられているか。

□お道具箱やロッカーの中の自分の持ち物を整理，管理できているか。
（紛失したら担任に申し出る，使い終えたら持って帰る，など）

□困ったことがあれば，担任や周囲の先生にSOSが出せているか。

□全員が体育服や白衣への着替えを3分以内で終えられているか。

□教室に落ちているものを進んで拾う子がいるか。
（ごみだったら捨てる，落とし物だったら持ち主を探す）

2　授業づくり

　2学期も1学期と大切にすべきことは変わりません。華やかだったり，目を引いたりすることはないかもしれませんが，地道にそして継続的に指導することで，最初と比べると驚くほど，学級が鍛え上げられていきます。だからこそ，大事なのは継続的に指導しながら質を高めていくことです。一番わかりやすいのは時間や量の積み重ねです。他にも学習内容の質的な高まりもあります。それぞれの教科の目標に沿って振り返ってみましょう。

　以上の点を踏まえて，具体的な子どもの姿や教師である自分自身の姿で2学期を振り返ってみましょう。

□子どもたちの目が学ぶ喜びで輝いているか。

□教師が指示してから2秒以内に行動に子どもたちが移しているか。

□大きい数の筆算やかけ算をスラスラ計算できるようになっているか。

□全員が教師や友だちの話を聴き，反応しているか。

□全員が音読をスラスラ，ハキハキ，正しくできるか。

□全員が丁寧に書くことの大切さや心地よさを実感し取り組んでいるか。

□文を書くときに，全員が助詞「は・を・へ」を書き分けたり，濁音・拗音・促音を正しく書いたりすることができるか。

□全体で話し合うときに相手を意識した言葉を使ったり友だちの意見と関連づけたりしているか。（あの～，～とつながって，～でしょ　など）

（安藤　浩太）

学級イベント
指導ポイント&
活動アイデア

1 指導ポイント

☑ 「イベントは自分たちでつくるもの」ということを強く意識させる

> イベントはあくまで自分たちでつくるもの。最初にこのことをはっきりと伝え，強く意識させることが大切。

☑ どのようなイベントにするのか子ども自身に考えさせる

> ゲーム，グループごとの出し物など，どのような内容のイベントにするのか，これまでの経験を基に子ども自身に会を企画させる。

☑ 係を組織する

> 司会係，あいさつ係，あそび（ゲーム）係，音楽係，飾り係など，様々な係を組織して，全員で必要な準備を行わせる。

☑ 異学年や保護者，地域の方を招待する

> 異学年や保護者，地域の方を招待するイベントも１つの方法。「だれかのため」という目標があれば意欲は一層高まる。

☑ 会の最後は教師からのご褒美で締め括る

> がんばった子どもたちをしっかりとほめて会を締め括り，達成感や満足感を味わわせる。内緒のご褒美も効果的。

2 活動アイデア

①どんなイベントにするか，話し合いの場を設ける

　２年生の子どもたちは楽しいイベントが大好きです。12月になったタイミングで，「２学期の最後にみんなで楽しいイベントを開こう」と投げかけます。子どもたちは目をキラキラさせながら大喜びするので，「楽しいイベントはみんなの力でつくるんですよ」と伝え，早速話し合いに移ります。

　まずは，どんなイベント名にするかを話し合います。「２年１組お楽しみ会」「クリスマス会」など，なんでもよいと思います。その後，どのような内容にするか，子どもたちからアイデアを募ります。クイズ大会，鬼ごっこなどのあそび，教室の飾りつけ…など，これまでの生活経験からいろいろなアイデアが出てくるはずです。その中から多数決などで内容を絞り込みます。

　大まかな内容が決まったら，次は役割分担です。１年生のときにこうしたイベント企画の経験があれば，子どもたちから多数意見が出ると思いますが，そうでなければ教師から必要な係を例示してもよいでしょう。以下のように，子どもたちの意見を黒板に集約しながら，一緒にイベントを企画します。

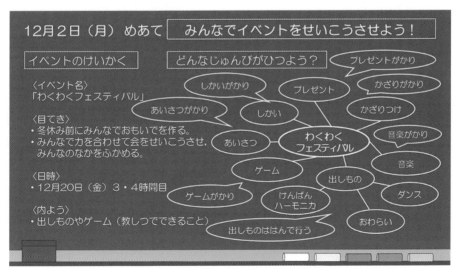

②係で分担して準備を進める

　イベントが成功するかどうかは，係をいかに組織するかで決まります。そこで，例えば次のような役割分担を行い，分担して準備に取り組ませます。

【係の例】
・司会係（当日の司会。原稿を書いて何度も練習する）
・あいさつ係（はじめの言葉，おわりの言葉を代表で述べる）
・プログラム係（会のプログラムを作成する）
・ゲーム係（ゲームの進行。ゲームごとに係を決めるとよい）
・飾り係（教室や黒板の飾りつけ。人数が多い方がよい）
・音楽係（BGM やみんなで歌う歌の準備を行う）
・プレゼント係（みんなにプレゼントをつくって配る）　　　　　など

　また，時間的に可能であれば，グループごとに出し物を行うのもおすすめです。出し物については，教師からもいくつか例を示しながら，協力して取り組ませていくようにしましょう。

【出し物の例】
・クイズ（本で調べてもよいし，オリジナルのクイズでもよい）
・歌・合奏（音楽の時間に学習した曲でも OK）
・ダンス（運動会で行ったダンスでも OK）
・ものまね（動物のものまね，先生のものまねなど）
・本の読み聞かせ（あまり長過ぎない絵本がおすすめ）
・お笑い（一発ギャグなど）
・手品（かなり練習が必要）
・寸劇（昔話，創作劇など。子どもたちのアイデアに委ねる）　　　など

③異学年や保護者，地域の方を招待して行う

　クラスだけで楽しむイベントもよいですが，異学年や保護者，地域の方を招待して行うイベントもおすすめです。２年生では，生活科で家庭生活に関わる活動や地域に関わる活動，自分自身の生活や成長を振り返る活動などがあります。また，自然のものを利用したりあそびに使うものをつくったりする活動もあります。この生活科の学習活動と関連させながらイベントを仕組むのも１つの方法です。以下は生活科と関連させたイベントのアイデアです。

【生活科と関連させたイベントの例】
・１年生を招待して「おもちゃランド」を開く。各コーナーで２年生が１年生に説明を行い，あそびを促す。
・自分たちが育てたさつまいもを利用して，「おいもパーティー」を開く。でき上がった料理を保護者にふるまう。
・町探検で発見したことを地域の方にプレゼンテーションする。同時にいつも見守ってくださっている地域の方に感謝の気持ちを伝える。
・自分たちの成長について調べ，保護者を招待して発表する。家族への感謝の手紙などを用意させるとよい。　　　　　　　　　　など

12
月

１年生を招待して行われたおもちゃ祭りの様子

（有松　浩司）

163

2学期の通知表文例

●友だちを助けていた子ども

> 図画工作の時間に友だちが水をこぼしてしまったときには，真っ先に雑巾を取りに行って，拭くのを手伝っていました。みんなのために動こうとする思いが学級の雰囲気をよくしています。

具体的な場面を記述することで，どのように優しさを行動に移していたかがわかります。

●係の仕事をさぼってしまいがちな子ども

> 友だちとの会話に夢中になり，係の仕事ができていないことがありました。やらなければならないことはわかっているので，うっかり忘れに気をつければ大丈夫です。3学期の成長を楽しみにしています。

給食当番や掃除の場面でも使える励ましの所見です。

●気持ちのよいあいさつができる子ども

> いつも明るく，だれにでも笑顔で接しています。○○さんがすてきな笑顔で「おはようございます」と言うと，学級の雰囲気が和みます。

すてきなあいさつができる子どもは書きやすいですが，「行動の記録」の評価との整合性に注意しましょう。

●算数の図形の学習への関心・意欲が高い子ども

「三角形と四角形」の学習では，身の回りからいろいろなものを見つけて紹介しました。それぞれの辺と頂点の数を調べることに興味をもち，熱心に学習に取り組みました。

「図形」の領域の学習は，「数と計算」が苦手な子どもが活躍できるチャンスです。見逃さないようにしましょう。

●九九を一生懸命練習している子ども

九九カード使って，毎日練習しました。7の段に苦戦しましたが，真面目に練習することで，すらすら言えるようになりました。その熱心さに感心しています。九九を一生懸命練習する姿は，友だちのお手本となっています。

12月

どの段でつまずいて，どのように克服したのかを観察しておくと書きやすくなります。

●難しい漢字を知っている子ども

難しい漢字を知っていて，先生に教えてくれます。普段から自発的な学習に取り組んでいることはすばらしいです。学級では「漢字博士といえば○○さん」と，よく友だちからの質問に答えています。

子どもの中には，虫博士，宇宙博士など「○○博士」がいます。それぞれの努力の結晶なので，把握しておくと，所見が書きやすくなります。

●意欲的に学習に取り組んでいる子ども

> 　正しい姿勢で，真面目に授業を受けています。先生や友だちの話をうなずきながら聞いています。一生懸命学習する姿には好感がもてます。

　意欲的に学習に取り組むというのは，具体的にどのような姿かを伝えます。

●打楽器で工夫して演奏した子ども

> 　「○○（曲名）」で，○○さんは，トライアングルを担当しました。曲の感じから，音を伸ばす長さを意識して演奏できました。

　いろいろな楽器を演奏させて，得意な楽器のときの様子を観察すると，書きやすくなります。

●聞くことが上手な子ども

> 　友だちの話をよく聞いています。相手の顔を見て，うなずきながら聞くので，みんなのお手本となっています。

　一生懸命聞き，学級の雰囲気をよくしていることを伝えます。

●牛乳が苦手な子ども

> 　４月には，牛乳を残すことが多かったのですが，最近は少しずつ飲めるようになってきました。この調子でがんばりましょう。

　苦手なものを食べられるように継続してがんばっていることを伝えます。

●１年生に優しい子ども

> １年生が，保健室がどこかわからなくて困っているときに，優しく声をかけ，案内してあげました。１年生からは「２年生の優しいお兄さん」と呼ばれています。

１年生の教室は２年生と同じ階にあることが多いです。自然と関わりも多くなるので，優しいお兄さん，お姉さんの姿を見るチャンスです。

●よく注意をする子ども

> 友だちがいけないことをしているときには，「○○しない方がいいよ」と優しく注意することができました。だれにでも分け隔てなく注意することができるので，みんなからの信頼も厚いです。

注意ばかりして反感を買うのではないだろうかと心配する保護者も，みんなに平等に接しているということがわかれば安心します。

●漢字が苦手な子ども

> 漢字を使って文章を書く学習では，なかなか思い出せないことがありました。ドリルや教科書を見ると，すぐに「あっ」と言って思い出せるので，自分のペースで，１つずつ確認しながら進めていけば心配はいりません。

子どものペースで，ゆっくりでも着実に進めていることを伝えます。

（田中　直毅）

1月の
学級経営の
ポイント

1 3学期の大きな流れをつかませ，具体的な新年の決意を書かせる

1月は「行く」，2月は「逃げる」，3月は「去る」といいます。1月の学級経営のポイントは，3月の学年末を意識して「3学期」という括りで考えていくことが大切です。

まずは全体の流れを確認しておきます。生活科のイベント（できたこと・成長したことの発表会など）や6年生を送る会の準備などにかかる時間を残りの授業日数と確認しながら，どれだけ授業ができるのか予定を立てておきます。

次に，国語と算数の教科書がいつごろ終わるのかについて見通しを立てます。できれば教科書の新規学習は2月中に終え，3月は2年生の復習にあてることが理想です。特に算数の九九や繰り下がりのあるひき算は3年生になる前に定着させておきたい単元です。

子どもにも，新年の決意を書かせましょう。できれば「3月までにできるようになりたい（したい）こと」を書き，具体的に自分で達成状況がわかるものにします。すると書いたことが実現しやすくなり，達成感を得て，自信をもって3年生になることができます。

2 伝統文化や年中行事に触れさせる

年末から3学期にかけては，年中行事や伝統文化がたくさんあります。機会を見て伝えていきましょう。かつては各家庭で目にした年中行事も，今では行われなくなってきています。縁起がよいとされるものやことは，言葉あそびに近いものもあります。きっと子どもたちは冬休み中に見たり聞いたりしたことを教えてくれます。ここでは代表的なものを簡単に紹介します（それぞれ諸説あります）。

①「『明けましておめでとう』って言うけれど何がおめでたいの？」：歳神様へのごあいさつ。そして，昔は正月に一緒に年を取りました。正月を迎えると1つ年を取るのです。数え年の数え方ですね。

②門松：神様に来てもらうための目印。松は神様を「待つ」の語呂合わせ。

③鏡もち：生きる力が与えられる食べ物。神様の魂を象徴している。

④おせち料理：歳神様にお供えして1年の福を招くためにいただくもの。すべての食べ物に縁起かつぎや願いが込められている。子どもに調べさせてもおもしろいです。

3 給食週間に給食のありがたさを考えさせる

1月24日から30日までは，全国学校給食週間です。この時期に合わせて，給食について見直してみましょう。「もしも給食がなかったら？」と問いかけると，「弁当で好きなものが食べることができる」という意見に対して，「栄養を考えてくれている」「おうちの人が助かる」「普段は食べない食べ物を出してくれる」などと，先生が話すことと同じことを子どもたちも考えています。これをきっかけに「自分たちで感謝を伝えられることはないかな？」と問い返し，「残さないように食べる」「お礼の手紙を書く」など自分たちにできることを出し，実践してみましょう。

4 防寒着の管理について確認する

日本の寒さは地域によって大きな差があります。寒くなったときの防寒着の服装や学校での管理について確認しておきましょう。

地域差があるので一概には言えませんが，学年・学校で次のことがどうなっているのか確認し，子どもたちにも伝えておきましょう。服装のルールや身につけてよいもの，いけないもの。持ってきてよいもの，いけないものなどです。例えば以下のものなどです。

・防寒着の置き場　　　・耳当て　・カイロ
・いすに置くざぶとん　・タイツ
・ネックウォーマー　　・マフラー

（広山　隆行）

3学期はじめの
チェックポイント

生活面	□元気で明るいあいさつや返事ができない □毎日の生活習慣が戻っていない □ものの管理，整理整頓ができていない □自分のことが自分でできない □一生懸命取り組んでいないことがある □進んで当番や係の仕事に取り組もうとしない □まもなく3年生になるという自覚が薄い
学習面	□時間や期限を守ろうとしていない □45分間集中して授業に参加できない □友だちや先生の話をよく聞いていない □進んで自分の意見や考えを発表しない □ノートに丁寧な文字で書いていない □話し合い活動に積極的に参加しない □友だちと教え合い，学び合いができない
対人面	□友だちと協力することができない □友だちとあいさつや会話を交わさない □困っている子を助けてあげられない □困ったときに助けを求められない □クラスの一員であるという自覚が薄い □みんなのためになる行動ができない □友だちのよいところを認めようとしていない

1 生活面

　年明け。この節目は心機一転を図るチャンスです。修了式までの３か月間にがんばりたいことを考える機会にしましょう。中学年になるのだという自覚をもたせ，返事やあいさつ，基本的な生活習慣から身の回りのこと，やるべきこと，がんばれていないことなどを総ざらいします。低学年で身につけるべきことは身につけさせ，新しい担任と柔軟に対応できるようにすることが大切です。ただし，「そんなことでは３年生にはなれません」などと脅迫めいた言葉かけは NG です。３年生になることに希望や期待をもてるような導きが必要です。

2 学習面

　担任としては，次の学年に上げる前に今年度の学習内容をすべて身につけさせたいと躍起になる時期です。特にかけ算九九は，３年生のわり算につながるので，全員合格を目指したいところでしょう。

　ゲーム感覚にしたり，シールや賞状を用意してご褒美制にしたりと，子どもたちが楽しく総まとめをできるような工夫をしましょう。また，３年生で新たに学ぶ社会，理科，総合的な学習の時間などに興味関心をもたせる声かけもできると，学習に対する意欲も高められると思います。

3 対人面

　10か月間慣れ親しんできたクラスの仲間。気心も知れて，助け合ったり，励まし合ったり，互いの性格も理解できるようになっているはずです。残された２か月は，「いいクラスだったな」という思いが残るような人間関係づくりが大事です。終わりよければすべてよし，３月には別れを惜しみつつも気持ちよく解散できるようにしたいものです。

（藤木美智代）

係・当番活動
レベルアップ作戦

1 「ふりカエル」で2学期のがんばりを振り返る

　2学期に，自分やまわりの子ががんばっていたことを振り返ります。そして，振り返りを可視化することで次への意欲につなげていきます。

　下のようなカエルのイラストを1人3枚準備します。そこに自分やまわりの子ががんばっていたことを書いていきます。もしも書けない子がいた場合，教師が書いた見本を提示しましょう。例えば，「○○さんは△△係で，おもしろいアイデアをたくさん出してがんばっていました」「私は○○当番で，□□さんとたくさん相談をして，仲良く楽しくできました」といった感じです。それでも書けない子がいる場合には，3学期に自分ががんばりたいことを書いても構いません。

　この「ふりカエル」が完成したら，教室後方のスペースに貼り，子どもたちがいつでも見られるようにしておきましょう。「ふりカエル」を印刷して子どもたちに配付しておくと，継続的に取り組めます。

2　経験したことのない係活動に挑戦させる

　2年生の子どもたちには，1年生のときや2年生の1，2学期の係活動の経験値が蓄積されています。一方で，経験値としてはまだまだ少ないし，これからの小学校生活を考えたときに，やはりいろいろな係活動を知って，経験しておくことが大切です。そこで子どもたちの意見や考えを聞いた後，先生から子どもたちにいくつか提案してみるのはいかがでしょうか。

①プレゼント係

　日頃，すてきなことをしてくれている人に，感謝を込めてプレゼントやありがとうのメッセージカードを書いて渡します。誕生日を迎えた人にもプレゼントを準備し，渡します。1，2学期に誕生日を迎えた人たちにも「遅くなりましたがどうぞ」と渡してあげるようにしましょう。

②おもちゃ係

家庭からの材料（ラップやトイレットペーパーの芯，卵パック，牛乳などのパックなど）を使って，手づくりおもちゃを作成し，みんなに提供します。

③おりがみ係

リクエストを受けつけて，折れるものを折り，みんなにプレゼントします。

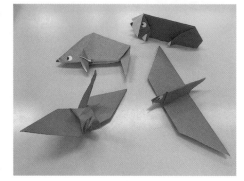

④かざりつけ係

教室の中を輪飾りなどで飾りつけていきます。季節を感じさせる，鏡もち，みかん，雪だるま，羽子板，凧などの飾り物があってもよいですね。

⑤ゲーム係

オリジナルのカードゲームやボードゲームなどを作成します。雨の日に教室で過ごすときに重宝がられます。

⑥お笑い係

休み時間にお客さんを集めて漫才やコントを披露します。

⑦ニュース係

その日の出来事や１週間分の情報を朝の会や帰りの会などで発信します。

⑧サンキューメッセージ係

３～４色の色画用紙を直径10cm ほどの円形に切り抜いたものを，クラスの人数の３倍ほど用意します。直接子ども同士で渡し合うのがおすすめです。

3 細分化された当番活動に挑戦する

当番活動は毎日の生活の中で行われるものですから，責任が伴います。必ず実行し，みんなが学級での生活に困らず快適に過ごせるように，より細分化された当番活動に挑戦してみるのはいかがでしょうか。

①扉開閉当番

教室扉の閉め忘れに目を配り，教室の施錠も行います。ただし鍵の管理は教師が行います。

②電気当番

室内灯のスイッチを管理し，コンセントまわりの安全も見ます。

③窓当番

窓の開閉を行います。美しさを保つために，汚れてきたら拭きます。

④時間割当番

次の日の時間割をホワイトボードに書いたり，黒板に掲示したりします。教科の札を使う場合，教師が準備するか，係活動で制作してもよいでしょう。

⑤教室整頓当番

帰りの会後，机やいすの整理整頓を行います。

⑥めあて当番

今日1日の学級のめあてを考え，発表したり掲示したりします。

⑦黒板・ホワイトボード当番

授業時間後に必ず板書を消します。またチョークやペン，黒板消し，ホワイトボードの管理も行います。学級に連絡がある場合，黒板に書きます。

⑧教科当番

国語，算数，生活などの教科ごとに，ノートやプリントの返却や宿題の有無などを確認をします。

(中條 佳記)

2月の
学級経営の
ポイント

1 集団に適応しにくい 子どもを観察する

　2年生も終わりに近づくと，3年生特有の集団でのあそびや世界をもち始める子どもが増えてきます。そんな中，集団でうまく関われなかったり，授業中，落ち着かなかったりする子どもがいないでしょうか。もし，いたのなら，特別な支援が必要な子どもの状況が表面化してくる時期です。例えば，次の特別な支援を要する子どもの可能性があります。

○自閉症：まわりの友だちや状況と関わりをもつことができない。コミュニケーションが難しい。単調な言葉が多い。自分の興味・関心のあることには集中できるが，偏りがある。一度覚えたことややり方を変えられない。

○注意欠如・多動症（ADHD）：多動・衝動が優勢の場合，落ち着きがなくじっとしていられない，思いついたらすぐ口に出してしまうなどがあります。不注意が優勢の場合，集中力が続かない，席にすわっていてもぼーっとしている，忘れ物が多いなどがあります。

　3年生への引き継ぎと適切な支援のために気になる子どもについては管理職や特別支援コーディネーターと相談してみましょう。

2 病気に負けない健康な体に ついて考えさせる

　新型コロナウイルス感染症のピークは去ったとはいえ，感染したときの辛さは変わりません。2月はインフルエンザも流行しやすく，学級閉鎖が起こりやすい時期です。

　まずは，教室の環境面から取り組みます。
①休み時間の換気
②うがい・手洗いの慣行
　病原体を直接体に入らないように予防していきます。

　また，健康な体づくりに取り組みます。「健康な生活で過ごすために必要なものはなんだろう？」と聞いてみましょう。すると，子どもなりの意見が出てきます。それを集約して，次のようなことを話しておきましょう。例えば，次のようなものに集約されます。
①規則正しい生活をする。
②運動をする。
③好き嫌いせず食べる。

　体の中にウイルスが入っても，病気にかかる人とかからない人がいることを2年生なら経験上知っています。給食や休み時間に体を動かすことも病気の予防になっていますね。

3 基礎学力の定着を図り，子ども主体の楽しい授業をする

　いよいよ年度末。たし算・ひき算の筆算や九九が全員できるようにしたいところです。しかし，全員ができていない焦りから，子どもたちに厳しく接してしまって，年度末なのに関係が悪くなることがあります。子どもの能力も様々です。精一杯がんばっているのなら，今の姿を認めてあげましょう。一方で，先生のとっておきの授業や子ども同士が話し合う授業など，楽しくておもしろいと思う授業をしてみましょう。「終わりよければすべてよし」という言葉の通り，この時期の授業が楽しければ，2年生は「楽しかった！」という印象で進級できます。

4 寒い日の過ごし方や遊び方のルールを指導する

　寒さが厳しい時期です。この時期は普段雪が降らない土地でも雪が積もることがあります。雪や凍結に慣れていない子どもたちは，冬のトラブルを起こしやすくなります。

　まずは登下校に注意しましょう。通学路が凍結して滑りやすくなったり，積雪で歩きにくくなったりしています。歩くときは気をつけて歩くように指導します。

　次に，遊び方です。雪合戦をしていて顔に当たって泣いてしまうということがよく起こります。雪玉を固くし過ぎたり，校舎や車に投げたりしないように話しておきましょう。

（広山　隆行）

校庭の真ん中で雪合戦するんだよ。

校舎や車に投げちゃダメだよ。

６年生を送る会
指導のポイント

1 ２年生としてどこで「違い」を出すかを考える

　６年生を送る会は感謝の気持ちを伝える場です。そのため，多くの学年がその気持ちを伝える呼びかけやメッセージを出し物の中に入れていることでしょう。しかし，全学年が呼びかけやメッセージをしていると，どこか内容が重なったり，繰り返している感じがしてしまったりすることがあります。別に勝負をしているわけではありませんが，はじめての出し物の１年生や最高学年となる５年生と比べると「味」が出しにくい２年生ですから，どこかで違いを出したいところです。

2 感謝のメッセージに寸劇を追加する

　そこでおすすめなのが，寸劇を使って感謝のメッセージを送ることです。まず子どもたちに，６年生がどんな場面で活躍していたのかを聞き出します。集団登校や運動会，委員会などいろいろな場面での活躍があると思うので，そこでのエピソードをできるだけ具体的に聞き出します。一人ひとり紙に書かせてもよいでしょう。それを基にして簡単な台本を作成していきます。

　ただ台本を渡して練習に移るよりも，こうして意見を聞いておいて「みんなの出してくれたお話を基に台本をつくったよ」と言って台本を渡した方が，自分たちで送る会をつくっている気持ちが高まります。２年生から，自分たちですべての計画を行うことは難しいかもしれませんが，やはり少しでも「自分たちでつくったんだ」という気持ちを味わわせたいところです。

　次ページに，実際の原稿例を紹介します。こうしたちょっとした寸劇が入

ぜんいん	６年生	グループ	１年生	６年生	１年生	ぜんいん
「しゅうだんとう校」	「並んで―！」 「みんないい？　行くよ―」	朝、学校にくるときのように、 ２つにならんで前にすすむ	「いてっ」 （ころんだふりをする）	（すばやくしゃがんで） 「だいじょうぶ？　学校についたら いっしょにほけんしつに行こうね」	「ありがとう」	「みんなにやさしく 声をかけてくれました」

ると，見ている６年生も自然に笑顔になってくれます。

　集団登校で低学年の子に声をかける場面，運動会などの行事で活躍する場面，各委員会での働きや休み時間の何気ないエピソードなど，いろいろなパターンが考えられます。

3　６年生の普段の姿を思い浮かべる

　また，演じる２年生が６年生の姿を思い浮かべるきっかけになるのも，この寸劇のよいところです。短い時間であっても，どんなふうに声をかけているのか，どうやって牛乳を受け取っているかなど，実際の６年生の真似をしなければならないので，自然と６年生の普段の姿を思い浮かべることになります。ただ台詞を読むだけなら見たこともない子でもできてしまいますが，真似をしようと思うとそうはいけません。この練習をきっかけに，６年生の働きぶりを真剣に見ようとする子も出てくることでしょう。

　呼びかけのアレンジとして，６年生のことを最後によく見るきっかけとして，小さな劇を加えてみてはいかがでしょうか。

（佐橋　慶彦）

3月の
学級経営の
ポイント

1　3年生に向けて意欲を高めて学級じまいをする

　いよいよ3月です。この時期の学級経営のポイントは、「2年生って楽しかったなぁ」と終わらせることです。できるだけ子どもに任せる場面を増やし、「すごいね！」「できるようになったね！」「これなら3年生でも大丈夫！」と、ほめて、ほめて、ほめまくるくらいがちょうどよいでしょう。

　2年生から3年生はクラス替えもある学年です。お別れ前に、子どもたちのつながりがある楽しい振り返りや思い出づくりをしましょう。具体的には、子どもがつくるお楽しみ会やイベント活動、成長のわかる文集づくりなどがあります。最後の参観日に合わせて、できたことを発表する発表会を開いてもよいでしょう。

　集会活動やイベントなどを行う場合は、「みんなとの思い出をつくるため」「最後に自分たちの力を見せるため」といった目的をきちんと確認したうえで行いましょう。「学校で行うことはすべては勉強である」という4月に話したことを基に、最後の最後まで子どもたちを育てる意識で取り組みましょう。

2　1年間の作品を返却し、これまでの成長を振り返る

　1年間の子どもの作品を返しましょう。図工や生活科、国語の作文など多岐にわたります。かなりの量になりますので、大きく2つの方法があります。

　1つは、1時間程度かけて、まとめて一気に返す方法です。持ち帰り用の作品バッグがある場合におすすめです。そのかわり、先生があらかじめ返却する作品を準備しておかなくてはいけません。

　もう1つは、少しずつ返却する方法です。1日1つか2つ、少しずつ持ち帰らせます。大きな絵や図工の作品などは、あらかじめ「持って帰るための袋を用意しておいてね」などと話しておく必要があります。

　返した作品は、見返す時間をつくりましょう。自分の成長を確認したり、1年間を思い出したりする時間になります。

　コンクールなどで入賞した作品を、次年度も学校で掲示したい場合などは、おうちの方にお願いすると快く受けてくださいます。その際は1年間借りておき、次年度に忘れずに返しましょう。

3　学級みんなとのお別れを演出する

　いよいよお別れのときです。先生もいろいろな思い出がよみがえってくるのではないでしょうか。残りわずかな日々，子どもたちに悔いのないメッセージを伝えてあげましょう。

　学級全員には，黒板にメッセージを書いたり，模造紙に書いて掲示したりという方法があります。一人ひとりには，メッセージカードに子どもの成長やよさを書いて伝えることもできます。

　最後は教室でしっとりと話をすることもできますし，校庭でさわやかに話すこともできます。全員で写真を撮って，修了式にプレゼントしてもよいですね。

4　春休みの過ごし方は環境面と学習面から伝える

　春休みは，3年生に向けた準備の時期です。3年生の最初のスタートを気持ちよく切るためには，環境面と学習面の準備が必要です。

　環境面とは，持ち物です。文房具の確認と記名，絵の具道具の確認，上履きの大きさは適切か，などです。

　学習面は，苦手な部分の復習です。次のことが確実にできるように話しておきます。特に，2年生で習った漢字，たし算・ひき算の筆算，九九です。

　おたよりなどで保護者にも伝えてすてきな3年生を迎えてもらいましょう。

（広山　隆行）

3月

みんないろんなことができるようになったね。これなら3年生でも大丈夫！

1年間の振り返り

1　学級づくり

　入学して間もない4月と比べると，心も体も大きく成長しているのが2年生の特徴です。実際にその成長を比べてみると，驚くことが多いと思います。

　特に，子どもたちの成長については，生活科の内容(9)「自分自身の生活や成長に関する内容」の単元で，自分自身の生活や成長を振り返る活動が位置づけられています。

　1年間の思い出を「思い出すごろく」や「ランキング形式」で振り返ったりしながら，自己の成長を実感し，「自分自身ががんばったから」「友だちや家族の支えがあったから」など，その要因についても考えていくとよいでしょう。

　また，同じく教師自身も，1年間の総仕上げとして，1・2学期に取り組んできたことに加えて，さらに視点を広げて振り返るとよいでしょう。

　そして，感傷に浸りつつも子どもたちに身についていることと身についていないことを整理する中で，「なぜ身についたのか／身につかなかったのか」という具体的な理由を分析的に考えると，自身のスキルアップにもつながります。また，身についていないことは，次年度の担任にも共有するようにしましょう。

□担任は，子どもたちの友だち関係，そして友だち同士でどのようなあそびを行っているかを把握しているか。

□学校内の教室や施設・用具などの場所や，その借り方，利用の仕方を把握できているか。

□全員が朝や帰りの支度を3分以内で終えられ，忘れ物がないか。

□困ったことがあれば，担任や周囲の先生にSOSが出せているか。

□お道具箱やロッカーの中の自分の持ち物を整理，管理できているか。
　（紛失したら担任に申し出る。使い終えたら持って帰る，など）

□全員が体育服や白衣への着替えを3分以内で終えられているか。

□教室に落ちているものを進んで拾う子がいるか。
　（ごみだったら捨てる，落とし物だったら持ち主を探す）

□担任が協力を求めたら，クラスの多くの子どもが手をあげるか。

□教師が指示をしなくても，授業準備ができているか。
　（次の時間や2時間後に体育があるから，中休みのうちに着替えておくなど）

□教室移動の際に10秒以内に廊下に並べているか。

□体育館や校庭での活動で，教師が指示したら，5秒以内に全員が聞くための準備を終えているか。

□提出物の出し忘れがないか。
　（忘れた場合，教師に報告することができているか）

□クラスでトラブルが起こったら，自分たちで話し合って解決することができているか。

□手洗い・うがいや衣服による体温管理，体調不良の報告など，自分自身で健康管理をしようとしているか。

□校外学習の際，歩き方や信号の渡り方などを守って集団行動ができているか。

3月

2 授業づくり

入学してから大きく成長したのは，学習面においても同様です。

１年間の学習を通して身についたこと，身につきつつあること，さらに，身につかなかったことも含めて振り返ってみましょう。

その際に，大きく次のような視点をもっておくとよいでしょう。

①子どもの育ちに関すること

授業の中でどのような成長が見られたかについて観点を明確にして振り返りましょう。２年生では，低学年のまとめとして，学習の習慣化や質の向上はもとより，それを支える基礎・基本となる力や教科・領域において道具化しておきたいスキルなどを意識し，それらがどの程度身についているかを振り返るとよいでしょう。

②学習規律（学習のルール）に関すること

まず教師が示したり，子どもたちとつくり上げたりした学習規律（学習のルール）の達成度合いを振り返りましょう。ただ漫然と振り返るのでなく，「クラスのどれぐらいが」といった割合や，「何分でできる」といった数値などの基準をもって振り返ることで，成果や課題がより明確になってきます。さらに，それらの有効性についても問い直してみましょう。

③指導技術・授業構成・教材に関すること

余裕があれば，説明，指示，発問といった授業における指導技術の質や授業構成力，教材研究力などの観点も意識して振り返ってみましょう。

以上の点を踏まえて，具体的な子どもの姿や教師自身の姿で１年間を振り返ってみましょう。次ページには上の３つの観点のうち，子どもの育ちや学習規律に関する具体的な項目を紹介します。

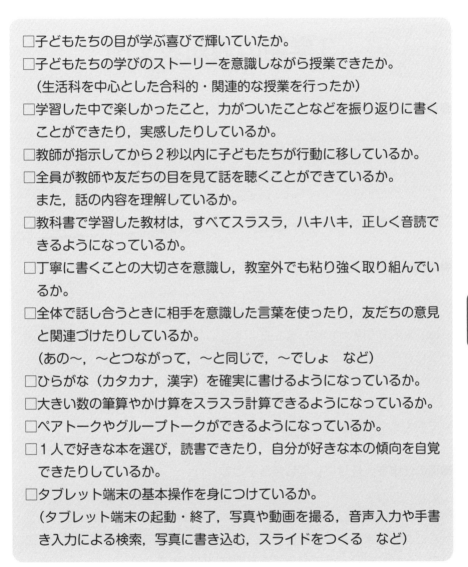

□子どもたちの目が学ぶ喜びで輝いていたか。

□子どもたちの学びのストーリーを意識しながら授業できたか。

（生活科を中心とした合科的・関連的な授業を行ったか）

□学習した中で楽しかったこと，力がついたことなどを振り返りに書くことができたり，実感したりしているか。

□教師が指示してから2秒以内に子どもたちが行動に移しているか。

□全員が教師や友だちの目を見て話を聴くことができているか。また，話の内容を理解しているか。

□教科書で学習した教材は，すべてスラスラ，ハキハキ，正しく音読できるようになっているか。

□丁寧に書くことの大切さを意識し，教室外でも粘り強く取り組んでいるか。

□全体で話し合うときに相手を意識した言葉を使ったり，友だちの意見と関連づけたりしているか。

（あの～，～とつながって，～と同じで，～でしょ　など）

□ひらがな（カタカナ，漢字）を確実に書けるようになっているか。

□大きい数の筆算やかけ算をスラスラ計算できるようになっているか。

□ペアトークやグループトークができるようになっているか。

□1人で好きな本を選び，読書できたり，自分が好きな本の傾向を自覚できたりしているか。

□タブレット端末の基本操作を身につけているか。

（タブレット端末の起動・終了，写真や動画を撮る，音声入力や手書き入力による検索，写真に書き込む，スライドをつくる　など）

3月

（安藤　浩太）

3学期の通知表文例

●敬語を適切に使える子ども

> 　先生や地域の人と話すときは、「はい」「…です」と、丁寧な言葉づかいができています。○○さんの話し方はみんなのお手本になっています。

　行動の記録の「基本的な生活習慣」の評価項目と、一致させましょう。

●清潔感のある子ども

> 　ハンカチとティッシュをいつも持参し、外から帰った後や給食の前には、忘れずに手洗いをしました。手洗いが習慣となっていて、とても清潔に過ごせています。

　3学期はインフルエンザや風邪が流行るので、普段からこういった指導をしておくと、通知表にも書けます。

●係の仕事を人任せにしてしまう子ども

> 　休み時間にやりたいことがあって、係の仕事を友だちに任せてしまうことがありました。3年生では、係の仕事を終えてから、気持ちよく次のことができるようになることを期待しています。

　係活動だけでなく、給食当番でも見られる場面です。

●友だちとふざけてしまう子ども

　ムードメーカーでいつもまわりを楽しませてくれますが，友だちから誘われるとその場に関係ないことをしてしまうときがあります。自分で何をするべきか考えて行動し，もっとかっこいい〇〇さんになることを期待しています。

　みんなを楽しませてくれることとふざけることの区別をしつつ，今後の行動の変化への期待を伝えます。

●生活科の学習に意欲的に取り組んだ子ども

　「じぶんはっけん」の学習では，これまでの成長を本にまとめることで，今までいろいろな人に支えられて大きくなってきたことに気づきました。休み時間にも，昔の写真を見せながら，友だちに思い出を話す姿に感心しました。

　生活科の最後の所見になります。2年間の学習の成果が伝わるようにしましょう。

●音読をがんばった子ども

　国語の「かさこじぞう」の学習で音読劇をしたときには，自分の台詞を暗記して，すらすらと上手に読むことができました。

　音読は，家庭で見てもらうことも多いので，その成果が発揮されていることを保護者に伝えます。

●算数の図形の学習が得意な子ども

> 算数では，箱の形について，頂点，辺，面の位置や数を理解し，正確に一つひとつの面を写して箱をつくることができました。面が6枚あることを発見し，そのことをうれしそうに教えてくれました。

計算は苦手でも，図形には興味を示す子もいます。算数の授業の中でも，特に意欲的であった場面を伝えます。

●宿題を丁寧にしてくる子ども

> 家に帰るとすぐに学習を始めていることを教えてくれました。家庭でも学習が定着していることがすばらしいです。毎日丁寧な字で書いて提出する〇〇さんの漢字ノートは，みんなのお手本になっています。

子どものノートから見て取れる，家庭でのがんばりを評価しています。

●落ち着きがない子ども

> 好奇心旺盛で，いろいろなことに興味をもてるのが〇〇さんのすばらしいところです。ときどき授業に集中できない場面も見られたので，授業中は優先順位をつけて物事を考えられるようになれば，もっとすばらしい成果を出せるはずです。

授業中に集中しにくいのは，他に興味のあることが多いということです。指導するだけでなく，その興味を大切にして，自信をもたせるように伝えます。

●タブレット端末の操作が得意な子ども

> タブレットを使った学習では，目をキラキラさせて取り組みました。先生も知らない操作方法を紹介したり，苦手な友だちに優しく操作を教えたりしました。

こういったところで得意を発揮できる子どもいるので，注意深く見取りたいところです。

●着眼点がユニークな子ども

> 授業では，三角形を逆にして考えたり，折り紙をまったく違うものに見立てたりと，着眼点がユニークです。学級会でも，新しい意見を次々と出し，活発な話し合いに貢献しています。

着眼点のユニークさを前向きに捉えているということを伝えています。

●計算ミスの多い子ども

> 算数の学習では，たし算とひき算を混同してしまったり，ひき算の繰り下がりを忘れてしまったりと，うっかりミスがありました。答えが出た後に見直すことを習慣にすると，○○さんの本来の力が発揮できるはずです。

苦手なことやできなかったことだけ伝えるのではなく，その改善方法と励ましをあわせて伝えるようにします。

（田中　直毅）

【執筆者一覧】

森岡　健太 （京都市立桂坂小学校）

広山　隆行 （島根県松江市立大庭小学校）

尾崎　正美 （岡山県瀬戸内市立国府小学校）

上地真理子 （琉球大学教育学部附属小学校）

渡邉　駿嗣 （福岡教育大学附属福岡小学校）

荒畑美貴子 （NPO法人TISEC）

平子　大樹 （埼玉県久喜市立久喜小学校）

篠原　諒伍 （北海道網走市立南小学校）

黒川　孝明 （熊本市立力合小学校）

立川　詩織 （静岡市立安倍口小学校）

石川　栄作 （静岡市立安倍口小学校）

佐藤　舞花 （静岡市立安倍口小学校）

金丸　大佑 （静岡市立安倍口小学校）

小澤　杏奈 （静岡市立安倍口小学校）

鈴木　邦明 （帝京平成大学）

藤木美智代 （千葉県船橋市立大穴小学校）

垣内　幸太 （大阪府箕面市立箕面小学校）

堀内　成美 （シンガポール日本人学校）

比江嶋　哲 （宮崎県都城市立西小学校）

前田　健太 （慶應義塾横浜初等部）

田村　直 （千葉大学教育学部附属小学校）

久下　亘 （群馬県高崎市立東小学校）

安藤　浩太 （東京都昭島市立光華小学校）

日野　勝 （宮城県仙台市立片平丁小学校）

田中　直毅 （滋賀県高島市立高島小学校）

藤原　友和 （北海道函館市立万年橋小学校）

堀井　悠平 （徳島県石井町石井小学校）

土師　尚美 （大阪府池田市立秦野小学校）

日野　英之 （大阪府箕面市教育委員会）

工藤　智 （大阪府箕面市立西南小学校）

鈴木　賢一 （愛知県弥富市立十四山東部小学校）

有松　浩司 （広島県竹原市立忠海学園）

中條　佳記 （立命館小学校）

佐橋　慶彦 （愛知県名古屋市立守山小学校）

【編者紹介】
『授業力&学級経営力』編集部
(じゅぎょうりょく&がっきゅうけいえいりょくへんしゅうぶ)

『授業力&学級経営力』

毎月12日発売

教育雑誌を読むなら
定期購読が，こんなにお得

特典1 **年間購読料が2か月分無料**
月刊誌の年間購読（12冊）を10か月分の料金でお届けします。
＊隔月誌・季刊誌・臨時増刊号は対象外です。

特典2 **雑誌のデータ版を無料閲覧**
紙版発売の1か月後に購読雑誌のデータ版を閲覧いただけます。
＊定期購読開始いただいた号よりご利用いただけます。

1年間まるっとおまかせ！

小2担任のための学級経営大事典

2024年3月初版第1刷刊 ©編 者『授業力&学級経営力』編集部
発行者 藤 原 光 政
発行所 明治図書出版株式会社
http://www.meijitosho.co.jp
（企画）矢口郁雄（校正）丹治梨奈
〒114-0023 東京都北区滝野川7-46-1
振替00160-5-151318 電話03(5907)6701
ご注文窓口 電話03(5907)6668

＊検印省略 組版所 広 研 印 刷 株 式 会 社

Printed in Japan ISBN978-4-18-370225-8
もれなくクーポンがもらえる！読者アンケートはこちらから →